I0045380

FACULTÉ DE DROIT DE PARIS

Thèse

POUR

LE DOCTORAT

PAR

LOUIS BARAUDON

AVOCAT A LA COUR IMPÉRIALE DE PARIS.

PARIS

IMPRIMERIE DE J.-B. GROS ET DONNAUD

RUE CASSETTE, 9

1857

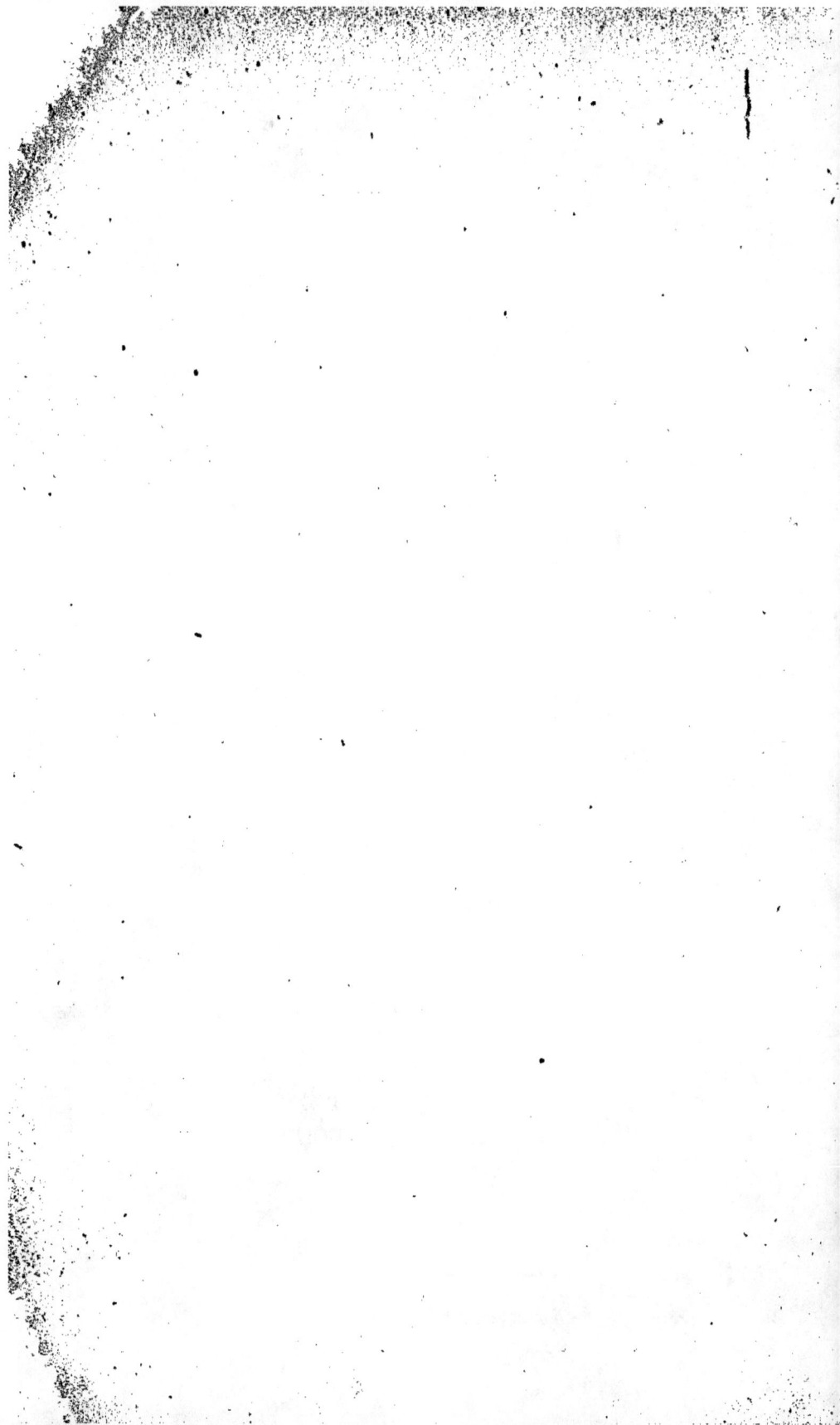

DES DONATIONS

ENTRE ÉPOUX PENDANT LE MARIAGE,

THÈSE DE DOCTORAT

Soutenue, le 27 mai 1857, devant la Faculté de droit
de Paris.

PAR

LOUIS BARAUDON.

AVOCAT A LA COUR IMPÉRIALE DE PARIS.

PARIS

IMPRIMERIE DE J.-B. GROS ET DONNAUD,
RUE CASSETTE, 9.

1857

A LA MÉMOIRE DE MON PÈRE.

—

A MA MÈRE.

A

MONSIEUR ROULAND

HOMMAGE DE RESPECTUEUSE GRATITUDE.

DES DONATIONS ENTRE ÉPOUX
PENDANT LE MARIAGE.

PREMIERE PARTIE.

DROIT ROMAIN.

Digeste, L. 24, t. 1 ; Code, L. 5, t. 16.

GÉNÉRALITÉS : *Définition; Caractères de la donation; Historique de la prohibition.*

1. Le principe qui domine notre matière est la prohibition des donations entre époux : mais, lorsqu'on veut déterminer l'application de ce principe, on ne rencontre pas·chez les jurisconsultes romains une définition rigoureuse qui soit un guide certain dans l'appréciation juridique des faits. Les textes offrent seulement des décisions isolées , énumératives, dont les points d'analogie constituent autant de caractères distinctifs de la donation prohibée.

Ce sont ces caractères que M. de Savigny (1) a

(1) *Traité de droit romain*, § 144 et suiv.

1

recherchés avec beaucoup de soin dans les textes relatifs à la prohibition entre époux, à la nécessité de l'insinuation ou à la faculté de révocation. Il a relié, coordonné entre elles les diverses décisions, et il est arrivé à reconstituer, par une définition aussi exacte que possible, la donation, telle que la comprenaient les jurisconsultes romains, lorsqu'ils voulaient appliquer les restrictions légales.

2. D'après M. de Savigny, la donation est « l'acte » entre-vifs par lequel le donateur s'appauvrit volon- » tairement au profit du donataire qu'il enrichit. » — Ces quatre caractères : *acte entre-vifs*, — *aliéna-tion — appauvrissement de l'un et enrichissement de l'autre,* — *intention d'enrichir ;* — nous les ver-rons se développer dans les textes que nous aurons à examiner, et ils viendront ainsi confirmer l'exac-titude de la définition.

3. Seulement, il ne faut pas se tromper sur la nature de l'acte que nous appelons ainsi Donation. La donation, du moins dans le droit romain primi-tif, n'est pas par elle-même un mode d'acquisition ou de libération : elle n'est qu'un fait, une libéra-lité, se manifestant sous la forme des actes juri-diques les plus divers : « *Donari videtur, quod, nullo* » *cogente, conceditur,* » dit Papinien (1) ; mais ces actes juridiques restent soumis à leurs règles pro-pres, produisent leurs effets, sont pourvus de leurs

(1) L. 29, D., *de Donat.*

actions ordinaires, tout en empruntant au mobile de générosité qui guide les parties, un caractère distinctif, qui entraîne l'application de règles spéciales.

Ainsi la donation peut consister en une acquisition à titre gratuit de droits réels ou personnels, ou en une libération de débiteur, à la condition que ces diverses opérations juridiques seront accomplies conformément aux règles posées pour chacune d'elles par le droit civil. Les parties veulent-elles faire une donation universelle ou à titre universel, elles devront opérer autant d'actes de translation qu'il y aura de biens, sans pouvoir faire donation de leur ensemble (1). Justinien admet bien que la donation universelle se fasse par simple pacte (2); mais cela n'a trait qu'à la formation de l'obligation qui lie le donateur au donataire; les différents droits de propriété et de créance doivent toujours être cédés nominativement, il ne faut pas considérer la donation universelle comme une succession *per universitatem*, assimilée à une hérédité.

4. Quelques auteurs ont prétendu que, pour compléter les caractères de la donation chez les Romains, il fallait ajouter la nécessité de l'acceptation du donataire. — Nous ne croyons pas que cette

(1) *Fragm. Vatic.*, § 263.
(2) L. 35, § 4, C. *de Donat.*

théorie soit exacte. — Sans doute, si nous prenons les cas, plus nombreux du reste, où la donation résulte d'actes juridiques ayant la nature de contrats, qui exigent, pour leur validité, le concours de deux volontés, comme la tradition, nous dirons que, tant que le donataire n'a pas accepté, la donation est en suspens, le donateur peut se rétracter; jusqu'à ce moment l'acte juridique n'est pas complet ; et, si le donateur prédécède, la donation ne pourra pas produire effet, car il n'y a jamais eu simultanéité de volontés (1). — C'est dans ce sens qu'il faut dire, avec la loi 19, § 2, *de Don.* : « *Non potest liberalitas nolenti adquiri.* » — Mais, au contraire, si nous prenons par exemple l'hypothèse d'une personne qui libère un débiteur au moyen d'un paiement, d'une expromission(2), avec l'intention d'enrichir ce débiteur, nous voyons par les textes : 1° Qu'il y a libération, quand même on aurait agi à l'insu, ou même contre le gré de la personne qu'on veut gratifier (3); — 2° Qu'il y a donation, et donation tombant sous les restrictions légales : le paiement ou l'acceptilation de la dette d'un époux faite par son conjoint, rentre dans la règle prohibitive : « *Facta autem intelligitur (locupletior), quæ, ære alieno suo, interventu viri,*

_____

(1) L. 53, *de Obligat. et Act.* ; L. 10, L. 2, § 6, *de Don.*
(2) L. 13, § 10, *de Acceptilat.;* L. 8, *in fine, de Novat.*
(3) L. 43, 91, *de Solut.*

liberata sit » (L. 50 pr. *h. tit.*) (1). — C'est qu'en effet, le système que nous repoussons permettrait par des paiements de dettes fictives ou réelles, de procurer à son conjoint un enrichissement qui va contre le but de la loi. — Les exemples de donation où l'acceptation du donataire n'est pas nécessaire sont d'ailleurs assez nombreux (2).

5. Ajoutons qu'il ne faut pas s'attacher au motif de la libéralité, et que, dès lors, la donation rémunératoire, c'est-à-dire le témoignage de reconnaissance pour un service rendu, doit également tomber sous la prohibition. Peu importe, en effet, que la libéralité soit sollicitée par un sentiment de générosité ou par une dette de reconnaissance ; du moment qu'il y a intention d'enrichir, il y a donation défendue (3). Seulement il peut arriver qu'il n'y ait libéralité qu'en apparence, que l'acte ne soit que le paiement d'une dette antérieure, la convention prend alors le caractère onéreux et échappe par cela même à la règle prohibitive (4). On pourrait dire encore, pour justifier cette théorie, que la récompense d'un service rendu entre époux

(1) L. 7, § 7; L. 5, § 4, *h. tit.*
(2) L. 5, § 7, *h. tit.*; L. 29, § 1, *de Don.*; L. 14, *de Don.*; L. 33, *in fine*, L. 43, § 1, *de J. dot*
(3) L. 10, § 13 ; L. 12 pr. *Mandati.*
(4) L. 27, *de Don.*

est aussi contraire à la dignité du mariage, qu'une donation ordinaire.

Il existe cependant une exception aux principes que nous venons de poser : la donation faite à celui qui vous a sauvé la vie est exclue de la prohibition entre époux, à raison du service rendu qui ne peut se comparer à aucun autre « *Merces eximii laboris appellanda est* » (1) ; le même texte se trouve dans les sentences de Paul (L. V, t. 26), où il se réfère aux restrictions de la loi *Cincia*.

6. La donation n'est pas toujours restée dans les termes de l'ancienne jurisprudence ; des modifications successives sont venues métamorphoser son caractère. — C'est d'abord Antonin le Pieux qui fait des donations *inter parentes et liberos*, un pacte obligatoire, en décidant qu'elles seront valables par le seul consentement. — Constance Chlore vient ensuite introduire la nécessité de l'insinuation de toutes les donations, c'est-à-dire leur transcription dans les actes publics ; et Constantin, son fils, y ajoute la rédaction d'un écrit, et la présence de plusieurs témoins. La donation devient alors un acte à part, valable par le seul accomplissement de ces formalités (2). Puis ces formalités disparaissent sous Théodose et Zénon. Il n'est

---

(1) L. 34, § 1, *de Don*.
(2) Code Théodosien, L. 1 et 4, *de Donat*.

plus besoin de la rédaction d'un écrit ; il suffit que la donation soit constatée par d'autres documents, pourvu qu'elle soit insinuée. — Enfin Justinien généralise la disposition d'Antonin le Pieux : le simple consentement, constaté ou non par écrit, rend la donation parfaite, c'est-à-dire en fait un pacte obligatoire, un pacte légitime, pourvu d'une *condictio ex lege*. Du reste, les principes ordinaires, en matière de transmission de propriété, restent debout ; la tradition seule rend le donataire propriétaire (1).

Tel est le dernier état des donations entre-vifs. Pour compléter ces généralités, nous dirons quelques mots des donations à cause de mort, des donations faites *propter mortis suspicionem*.

7. Jusqu'à Justinien les donations à cause de mort subissent les alternatives des donations entre-vifs, au point de vue des formes et de l'insinuation. Justinien les assimile presque complétement aux legs (2) : il suffit que le donateur fasse sa disposition verbalement ou par écrit ; faite dans ces termes la donation à cause de mort transfert, par elle-même, la propriété au moment du décès, comme la transféraient, à cette époque, les legs *per vendicationem*, ou *per damnationem*, et même les fidéicommis, sans distinction des formules : tel est l'effet excep-

---

(1) Inst. Just., § 2, *de Donat.*
(2) Inst Just., § 1, *de Donat.*

tionnel des donations à cause de mort, faites con-
ditionnellement (1). Celles qui sont immédiates,
sauf résolution en cas de survie du donateur, restent soumises aux anciennes règles : la tradition
est toujours nécessaire. La donation à cause de
mort, comme nous le verrons plus loin, ne tombait pas sous la prohibition.

8. *Historique de la prohibition.* — Des passages
des *Fragmenta Vaticana*, les §§ 202 et 298, nous
montrent que les donations entre époux n'étaient
pas encore défendues vers l'an 550 de la Républi-
que, puisque la loi *Cincia* exceptait ces libéralités
des restrictions qu'elle avait introduites. Cette
prohibition date d'une époque postérieure, probablement de l'époque où les lois *Julia* et *Papia
Poppœa* essayèrent, par des pénalités sévères portées contre le célibat et contre l'*orbitas*, d'arrêter
la corruption des mœurs, et cette effrayante mul-
tiplicité des divorces qui faisait dire des dames romaines, qu'elles ne comptaient point les années
par les consuls, mais par leurs maris. — On sentit
la nécessité de relever aussi l'affection conjugale,

_____

(1) On a prétendu, à tort selon nous, avec la loi 2 *de Publiciana
in rem actione*, que cet effet des donations à cause de mort existait,
même avant Justinien. Il y a tout lieu de croire, au contraire, que
les anciens principes sur la translation de la propriété étaient restés entiers, et que les donations à cause de mort n'étaient pas devenues, avant cet empereur, un mode d'acquisition. — *Voir*
M. Pellat, *Comment. du T. VI, livre 2, D.*, p. 156 et suiv.

de prévenir ces exemples, trop fréquents sans
doute, d'un époux cupide dépouillant son conjoint pour le répudier ensuite (1), ou se faisant
une arme d'une donation refusée, pour divorcer
aussitôt (2); on voulut frapper cette dépravation,
arrêter cette vénalité du repos et de l'affection
conjugale, et, peu à peu, on fut amené à introduire
par l'usage la règle que les époux ne pourraient
se faire aucune libéralité : « *Moribus apud nos*
« *receptum est, ne inter virum et uxorum dona-*
« *tiones valerent* » (L. 1 pr. *h. t.*).

C'est là une prohibition exigée par les bonnes
mœurs, entraînant une nullité d'ordre public que
les parties ne peuvent pas couvrir par un serment :
la convention ne produit même pas une obligation
naturelle (3). On retrouve le même ordre d'idées
dans la loi 134 pr. *in f.*, de *Verb. oblig.* : l'époux
ne peut, par stipulation, s'engager à restituer la donation dans le cas de divorce : le mariage ne doit
être vénal ni dans sa formation, ni dans sa conti-
nuation « *Quia inhonestum virum est, vinculo*
« *pœnæ matrimonia obstringi, sive futura, sive jam*
« *contracta.* »

La règle prohibitive des donations entre époux
se maintient avec les mêmes caractères jusqu'à

(1) L. 1, 2, 3 pr., 31, § 7, *h. tit.*
(2) L. 2, *cod. tit.*
(3) L. 5, C., de *Legibus*, L. 36, D., de *Fidej.*

Caracalla (206 av. J.-C.). Une nouvelle théorie vient alors remplacer celle de la jurisprudence classique, et enfin la novelle 162 de Justinien vient confirmer ou compléter (suivant quelques auteurs) cette transformation.

CHAPITRE PREMIER.

ÉPOQUE ANTÉRIEURE AU SÉNATUS-CONSULTE D'ANTONIN CARACALLA.

§ 1". — *Personnes auxquelles s'applique la pro-hibition.*

9. — I. *Les époux légitimes*, sauf l'empereur et l'impératrice (L. 26. C.). Le mariage une fois contracté, ce n'est plus le droit commun, la capacité, c'est la règle exceptionnelle, l'incapacité, qui régit les conjoints, au moins sous le point de vue des libéralités qu'ils peuvent se faire entre eux. Il faut donc déterminer le moment précis à partir duquel on peut dire que les futurs sont devenus époux, *vir et uxor*, puisque ce moment est le point de départ d'une situation particulière.

Il est un point incontestable, c'est que le consentement était la base du mariage chez les Romains, et que, la signature du contrat de dot, la rédaction des *instrumenta dotalia*, pouvaient bien être des moyens de preuve pour la constatation des conventions matrimoniales, mais n'étaient nullement des solennités exigées pour la validité du mariage (1). Reste la question de savoir si le mariage se formait par le seul consentement, s'il ne fallait pas quelque chose de plus pour sa perfection : un acte qui matérialisât l'accord des fiancés, comme la remise de la femme au mari, soit avec toutes les solennités de la conduite et de la réception par l'eau et par le feu, soit plus simplement, d'après les règles ordinaires de la tradition.

10. Il nous semble qu'il suffit d'étudier la nature du pouvoir marital, cette acquisition de la *manus* par l'usage, la confarréation ou la coemption, pour se convaincre du matérialisme du mariage romain *(2)*.

La femme, à Rome, n'est pas une compagne qui associe son existence à celle de son mari, qui vient partager sa bonne et sa mauvaise fortune, en prenant sa place au foyer domestique : — la femme est destinée à faire abstraction d'elle-même ; elle devient, par le mariage, une chose que son mari peut acheter, usucaper, comme le premier objet mobilier

.1) L. 13, C., § 4; L. 31 pr., *de Donat*.
(2) G. C. I , § 108 et suiv.; L. 8, L. 12, § 1; L. 14, *de Capt. et Postl*.

venu. Ce caractère du mariage, au point de vue des rapports des personnes des époux, est un vestige saillant de l'origine de Rome, de son origine de violences et de conquêtes. — Il n'y a dès lors rien d'étonnant à ce que les Romains, dans la rigueur de leurs mœurs primitives, aient établi une relation exacte entre le lien conjugal, tel qu'ils le comprenaient, et le mariage, générateur du lien lui-même; à ce qu'ils aient demandé, pour sa perfection, quelque chose qui montrât bien sa nature, qui fût en harmonie avec les rapports purement physiques qu'il devait créer : « *Nuptiæ sunt conjunctio ma-* « *ris et feminæ* » (1); pour être conséquents, ils devaient matérialiser le mariage : ils l'ont fait, en exigeant la prise de possession de la femme par le mari, et cela d'après les règles ordinaires de la tradition.

11. Le mari pouvait recevoir sa femme chez lui (2) ou dans sa nouvelle famille; c'est ainsi que

(1) L. 1, *de Ritu nupt.* — Modestin ajoute : « *Et consortium* « *omnis vitæ, divini et humani juris communicatio.* » C'est que Modestin est du troisième siècle; le droit des Douze-Tables s'est bien adouci ; la philosophie et le christianisme ont profondément modifié les mœurs. Du reste, il ne faudrait pas conclure de ce mot *conjunctio*, que la cohabitation était nécessaire pour qu'il y eût *nuptiæ* : « *Nuptias enim non concubitus, sed consesus facit.* » L. 15, *de Cond. et demonstr.* — La femme, une fois livrée au mari, est à sa disposition; la cohabitation est un fait postérieur, étran-ger à la perfection du mariage.

(2) L. 36, § 1, *de Cond. et demonstr.*

j'entends la loi 20 pr. *h. t.* : les deux futurs ont
donné leur consentement, en présence l'un de l'autre ; il y a eu prise de possession, *oculis et effectu*,
puis le mari a passé quelques jours chez les parents
de sa femme (1). — Dans le § 1er de la même loi, la
fiancée est bien dans la maison de son futur, mais
in diætâ ; elle n'est pas encore passée dans l'ap-
partement conjugal : il n'y pas encore *nuptiæ*. —
Enfin Paul, dans ses Sentences (2), dit formellement que la femme absente ne peut se marier.

12. Le système qui admet que le mariage, à
Rome, se formait par le seul consentement, distingue les *nuptiæ*, cérémonies où la présence de la
femme est nécessaire, du *matrimonium* qui dé-
signe le contrat, contrat purement consensuel ; il
s'appuie ensuite sur les lois 11 et 13 *de Sponsali-
bus*, et sur la loi 30, *de Div. reg. juris.* Nous répon-
drons que, *nuptiæ* et *matrimonium* sont pris le
plus souvent l'un pour l'autre (3), et que, si le mot
consensus se rencontre dans certains textes, c'est
pour témoigner qu'aucun écrit, aucune solennité,

(1) *Voir* encore : L. 6 , C., *de Don. ante nupt.*
(2). Lib. 2, t. 19, § 8.
(3) L. 1, 3, 10, 11, 12, § 1, et 16, *de Ritu, nupt.*, § 90,
Frag. Vatic., où *matrimonium et nuptiæ* sont pris dans le même
sens, de telle sorte que les mots *et duxit eam* font probablement
allusion aux cérémonies d'usage, indépendantes de la formation
du lien du mariage.

pas plus que la cohabitation, ne sont nécessaires pour parfaire le mariage.

Du reste, les novelles 74 et 117, c. 4, ont profondément modifié cette législation.

13. Il n'y a donc mariage, en droit romain, qu'après la tradition de la femme à son mari ; toute donation postérieure à ce moment, qu'elle ait été ou non projetée d'avance, tombe sous la prohibition (L. 5 pr.). En sens inverse, une fois le mariage dissous, par exemple par un divorce réel non simulé, accompli suivant les formes requises (1), comme il n'y a plus d'époux, la donation est permise.

14. Il existait cependant à Rome, du moins jusqu'à Constantin, une condition particulière de la femme, qui modifiait l'application des règles prohibitives des libéralités entre époux. Je veux parler de la *manus*, de cette puissance maritale qui n'était pas la conséquence même du mariage légitime, des *justes noces*, quoique l'on puisse supposer le contraire pour les temps primitifs, mais qui demandait, pour son acquisition, un fait indépendant et postérieur. Gaius nous apprend (2) que la femme tombait sous la puissance de son mari, *usu, farreo, coemptione* : par l'usage ou possession an-

(1) L. 35, 64, *h. tit.*; L. 27, *de Pact. dot.*
(2) C. 1, § 108 et suiv.

nale non interrompue, assimilant la femme à une
chose mobilière : par la confarréation ou cérémonies religieuses réservées aux pontifes et aux pa-
triciens : par la coemption ou vente, réelle d'abord,
fictive ensuite, et permise à tous les citoyens
romains. La femme *in manu* ne pouvait rien
avoir, rien acquérir pour elle-même; toute propriété résidait sur la tête de son mari. Il était donc
impossible de supposer dans ce cas une donation,
puisque la personne du donateur et celle du donataire se confondaient immédiatement; aussi, pour
appliquer les règles prohibitives, faut-il se placer,
soit dans les cas où il n'y avait pas *manus*, soit à une
époque où cette institution était tombée en désué-
tude.

15. — II. *Les agnats de l'un des époux*, par rapport à l'autre conjoint ou à ses agnats. — Cette extension de la prohibition s'explique par la constitution de la famille romaine. Tous les membres d'une
même famille sont unis par un lien si intime, si
énergique, qu'ils n'ont ni individualité, ni fortune
distincte; à eux tous, ils sont censés ne faire qu'une
seule et même personne avec le chef qui les tient
sous sa puissance, et toutes leurs acquisitions forment une seule masse qui devient sa propriété.
Un agnat ne peut donc rien donner sans prendre
sur le fonds commun; il ne peut non plus rien recevoir sans recevoir pour ce même fonds, car il n'a

rien en propre. Ce n'est pas lui, c'est l'être collec-
tif appelé famille qui joue en réalité le rôle de donateur ou de donataire, et c'est là ce que la loi ne
veut pas. — Cette confusion des personnes et des
biens qui se résument dans le *pater familias*, entraîne nécessairement une solidarité de dignité, de
bonne harmonie, de considération : l'insulte qui
frappe un des membres les frappe tous en remon-
tant jusqu'au chef ; il était dès lors à craindre que
la famille ou plutôt son chef, par lui-même ou par
un de ceux qu'il tenait en sa puissance, et dans
l'intérêt de son propre honneur, ne fît des sacrifices, n'entamât le patrimoine commun, pour
acheter à l'un des membres de la famille l'union,
la tranquillité qui lui manquaient dans son ménage. — D'un autre côté, l'époux qui veut faire
payer son affection, son respect pour le lien conjugal, n'a pas besoin de recevoir lui-même, il
suffit que ce soit un des siens : car il peut se
contenter de les avoir enrichis ; d'ailleurs, son
titre d'agnat lui donne un droit de succession,
qui lui permettra de toucher, au moins pour
partie, la somme donnée qui va se fondre aujour-
d'hui dans la masse commune ; il est héritier
sien.

16. Ainsi donc, que la libéralité vînt de l'un
des époux ou d'un de ses agnats, qu'elle fût faite
au conjoint ou à ses agnats, la bourse d'où sortait,

où était versé l'argent donné, était toujours la même; le mariage devenait toujours vénal. Aussi, pour compléter la théorie, on décida que les donations seraient défendues non-seulement entre les conjoints, mais encore entre un membre d'une des deux familles et un membre quelconque de l'autre (L. 3, §§ 2, 5 et 6).

17. Mais du moment que le donateur ou le donataire ne se rattache plus à l'un des conjoints par le lien de la puissance paternelle : par exemple, si l'émancipation vient rendre l'un des deux *sui juris* et maître de disposer sur des biens à lui propres ou de recevoir pour son compte, la prohibition tombe aussitôt. Voilà pourquoi une belle-mère peut donner à sa bru ou à son gendre, un parâtre à son beau-fils, ou réciproquement (1).

De même encore, si la donation porte sur un objet dont l'acquisition ne peut pas remonter plus haut que celui auquel s'adresse la libéralité, ou si elle ne peut pas venir d'un autre que le donateur, elle sera parfaitement valable. Ainsi la mère peut faire une libéralité à son fils qui part pour l'armée, sans que ce soit là une donation faite au père de famille (L. 3, § 4). En sens inverse, le fils de famille peut prendre sur ce pécule pour donner au conjoint de son père : *Filii familias, in castrensi*

---

(1) L. 5, § 7, D., *h. t.*; L. 23, C., *h. t.*; L. 60, D., *h. t.*

2

peculoi, vice patrum-familiarum funguntur (1).
De même pour le pécule *quasi-castrans.* Lorsque
Arcadius eut étendu le pécule adventice, établi par
Constantin, à toute acquisition venant de la ligne
maternelle, la mère put faire toute espèce de libéralité à son fils, au moins pour la nue propriété,
sans qu'il y eût là donation entre époux, c'est-à-
dire donation essentiellement révocable, puisque
déjà le sénatus-consulte d'Antonius Caracalla avait
modifié l'ancien droit (2).

18. Le lien de puissance, qui a fait étendre la
prohibition aux membres de la famille, doit s'entendre de la puissance dominicale, aussi bien que
de la puissance paternelle (L. 3, § 3). Toute donation faite par un époux ou son esclave, à l'esclave de
son conjoint, est nulle : ce n'est pas l'esclave, c'est
son maître qui donne ou qui reçoit : aussi lorsque
l'objet donné par l'esclave au conjoint de son maître
vient d'un pécule à lui confié par une personne
étrangère, qui a sur lui un droit d'usufruit, et qui
autorise la libéralité; ou réciproquement, lorsque
l'objet a été donné à l'esclave par le conjoint de
son maître, spécialement en vue de l'usufruitier;
comme ici l'acquisition échappe au nu-propriétaire

(1) L. 2, de S. C. Maced.
(2) L. 19., C., h. t. Cette loi a, du reste, été interpolée par
Tribonien, car, sous Dioclétien, le pécule adventice n'existait pas
encore.

de l'esclave, ou ne vient pas de lui, il n'y a pas libéralité prohibée. Mêmes hypothèses si c'est un homme libre qui en sert un autre de bonne foi (L. 3, § 8). La loi 38 pr., et § 1, présente une application des règles que nous venons d'exposer ; elle suppose les trois frères n'étant pas soumis à la même puissance.

19. — III. A côté des justes noces qui donnent le titre de *vir et uxor*, d'époux légitimes, avec les droits qui y sont attachés, nous rencontrons à Rome le concubinat, union licite, admise, qu'il ne faut pas confondre avec le mariage. Le concubinat, qui n'était possible qu'à la condition de n'avoir pas lieu entre personnes dont le commerce eût offensé l'ordre public et les bonnes mœurs (1), ne se distinguait des justes noces que d'après l'intention des parties, la seule affection du mari, la seule dignité de la femme (2). — D'autres fois, le concubinat se présente comme la seule union possible entre personnes auxquelles des lois politiques refusent le *Connubium*.

20. Les personnes unies par un concubinat régulier et réel, peuvent se faire des donations, que ne révoquera pas même un mariage subsé-

---

(1) L. un., C. *de Concubinis* ; L. 1, § 3, *de Concubinis* ; L. 56, *de Ritu nupt.*

(2) L. 3 pr., 4, *de Concubinis* ; Paul. Sent., L. 2, t. 20.

quent (1). La loi, sans doute, n'a pas craint d'influence abusive, à cause du caractère passager d'une union qui peut cesser par la volonté de l'une des parties, sans qu'il y ait divorce, sans qu'il soit nécessaire d'acte de répudiation (L. 3, § 1); et puis, il n'y a pas à sauvegarder ici la pureté et la dignité d'une union légitime. — Cependant un rescrit d'Antonin (L. 2, C.) paraît établir une exception formelle pour la concubine (*focaria*) d'un soldat; mais c'est là une disposition toute spéciale, qui s'explique par la prodigalité de la vie des camps «*milites...... fictis adulationibus spoliari nolo.* »

21. Voilà pour le cas où il y a concubinat avéré, conforme à l'intention des parties, qui n'ont pas voulu contracter de justes noces. Mais supposons deux personnes qui n'ont pas entre elles le *connubium*, par exemple un sénateur qui épouse une affranchie et l'épouse pour en faire sa femme légitime, pour l'élever jusqu'à lui : à cause des lois politiques qui s'opposent à ce qu'il puisse y avoir *matrimonium*, et en dépit de la volonté, même expresse, des contractants, leur union n'est toujours qu'un simple concubinat. Il semblerait dès lors tout naturel de leur permettre de se faire des donations, puisqu'ils ne sont pas époux; mais,

(1) L. 31 pr., *de Don.*

comme ils ont voulu violer la loi qui leur défendait de s'unir en justes noces, leurs libéralités sont déclarées nulles : *Ne melior sit conditio eorum qui deliquerunt* (L. 3, § 1). C'est la même raison qui a dicté les décisions de la loi 32, § 28, D., et de la loi 7, C., *h. t.* La nullité frappe également les donations antérieures au mariage ; car là où il ne peut y avoir justes noces, il ne peut y avoir non plus fiançailles, ni donation entre fiancés. La libéralité ainsi annulée est dévolue au fisc, comme faite entre indignes, si les deux époux ont eu l'intention de frauder la loi ; si le donateur est innocent de cette violation, il aura une action en revendication utile.

22. Que si, au lieu d'un empêchement continu, tel que le *connubium*, nous supposons un empêchement temporaire, tel que la puberté : comme ici les fiançailles sont possibles, la nullité du mariage ne rejaillira pas sur les donations faites entre fiancés (L. 32, § 27 ; L. 65).

§ 2. — *Donations comprises dans la prohibition.*

23. Sont prohibées entre époux, toutes libéralités présentant les caractères que nous avons établis plus haut (n° 2), que ces libéralités soient directes ou indirectes, qu'elles se montrent au grand jour ou se cachent sous un déguisement d'acte

à titre onéreux, ou une interposition de person-
nès. — Parcourons ces différentes catégories.

24. — I. *Donations directes*, supposant de la
part du donateur, un acte positif, dont le but est
de se dépouiller au profit d'un tiers. Nous renvoyons pour l'énumération à ce que nous avons
dit au nº 3, nous réservant d'examiner spécialement la donation des fruits et de la possession.

25. — II. *Donations indirectes*, où l'avantage
résulte d'un contrat à titre onéreux, ou d'une omission.

Le droit romain ne défendait pas aux conjoints
de faire ensemble toute espèce de contrats (L. 7,
§ 6); mais, du moment que l'égalité n'y était plus
observée, qu'il en résultait pour une des parties
un avantage indirect dépassant le bénéfice ordinaire des conventions, la règle prohibitive trouvait
son application. Si le vendeur avait réellement le
dessein d'aliéner, si l'acte est sérieux, il est valable, et il n'y a donation que pour ce dont l'un
des époux s'est enrichi; si, au contraire, tout en
supposant qu'il y a eu réellement vente, cette vente
n'a eu lieu qu'en vue de la donation, de telle sorte
que, sans la donation, elle n'aurait jamais été
contractée, l'acte est complétement nul (1). Telle
est du moins l'opinion de Neratius et de Pompo-

(1) L. 5, § 5; L. 31, § 3 et 5; L. 7, § 5, h. t.; L. 12 *de J.
dot.*

nius, qui s'attachent à rechercher s'il y a eu ou non intention seulement de donner; au contraire, Julien (L. 5, § 5) présume cette intention toutes les fois qu'il y a prix inférieur, et annulle l'acte. — La théorie de Nératius et de Pomponius nous paraît plus équitable, plus conforme à ce qui s'est réellement passé entre les parties contractantes, puisqu'elle maintient un contrat fait de bonne foi, qui aurait eu lieu indépendamment de cette intention secondaire de libéralité, en ne réservant que la restitution des avantages indirects qui peuvent en être résultés, et cela au moyen de la condiction et non pas de l'action *empti* ou *venditi*. D'après cette opinion, il n'y aurait pas de donation dans une vente faite à vil prix, faute d'acheteur.

26. Quant aux avantages indirects, résultant d'une omission, d'une négligence de l'époux qui laisse accomplir une usucapion (L. 44), ou éteindre une servitude (L. 5, § 6), qui n'oppose pas une exception véritable, on ne combat pas une exception mal fondée pour faire triompher son conjoint défendeur (L. 5, § 7), nous pensons qu'il y a là une donation prohibée, puisqu'il y a enrichissement d'un époux au détriment de l'autre (V. *suprà*, nᵒˢ 43 et suiv.).

. 27. — III. *Donations déguisées* sous l'apparence d'un contrat onéreux. — Entre étrangers, il peut arriver qu'un contrat à titre onéreux déguise une

donation, c'est-à-dire que les parties conviennent
d'un prix, non pas inférieur à la valeur de la chose,
mais illusoire, ou qui ne devra jamais être payé;
dans ce cas, l'acte est nul comme vente (1), et ne
vaut même pas comme donation; jusqu'ici il n'est
intervenu que le consentement des parties, et ce
consentement n'est pas suffisant pour donner une
action, en dehors du cas d'un contrat consensuel,
ce qui n'est nullement le caractère de la donation.
Mais si la volonté des parties a reçu son effet, s'il y
a eu tradition, cette exécution suffit pour constituer
une donation parfaitement licite (2).

Entre époux, au contraire, à quelque moment
que l'on se place, l'acte ne vaudra ni comme vente,
puisqu'il n'y a pas de prix, ni comme donation,
puisque les donations sont prohibées. Ce qui est
vrai de la vente, l'est également du louage et de
la société (3).

28. Quant aux donations par personnes interposées, il ne s'agit pas ici des donations prohibées à cause du lien de puissance qui unit le donateur ou le donataire à l'un des époux. Il s'agit
du cas où les conjoints, pour échapper à la prohibition, s'adressent à une tierce personne qui joue

(1) L. 36, 38, *de Contr. empt.*
(2) L. 9, C , *de Contr. empt.*
(3) L. 38, *de Contr. empt.*; L 52, pr. *h. t.*; L. 32, §21, et 5,
§ 2, *pro socio.*

le rôle de donataire, en prenant l'engagement de restituer la chose donnée. De telles donations sont absolument nulles (1). Du reste, il n'y a pas, en droit romain, de présomptions légales d'interposition; la preuve en incombe à celui qui veut revenir sur sa libéralité (2).

§ 3.— *Questions.*

29. — Après l'exposé des différentes espèces de donations, il nous faut examiner les difficultés qui se sont élevées sur l'application de la prohibition à quelques hypothèses que les textes ne réglementent pas d'une manière formelle. Ces difficultés se réfèrent à la donation de la possession, à celle des fruits et à certains cas de donations indirectes; d'autres questions peuvent, sans doute, s'élever, mais la nature particulière des droits qui font, dans ces trois hypothèses, l'objet de la libéralité, exige un examen tout spécial et plus approfondi.

30. — I. *Donation de la possession.* La possession, dans son idée première, n'est qu'un état de fait qui existe en dehors de tout mode légal d'acquisition, et qui, par cela même, échappe aux prohibitions du législateur et peut résulter d'actes

---

(1) L. 3, § 9, *h. t.*; Paul. sent., l. 2, t. 23, § 3.
(2) L. 25, pr. *de his quæ ut ind. auf.*; L. 2, § 3, *de Jure fisci.*

impuissants à produire un effet de droit, tels que la
violence, la tradition effectuée par un furieux, par
un pupille, ou par un époux à son conjoint, à titre
de donation (1). Mais il y a d'un autre côté d'im-
portants effets juridiques, tels que l'usucapion et
les interdits, attachés à la possession lorsqu'elle
remplit certaines conditions, et qui en font un véritable droit, un droit appréciable dont la perte
constitue un appauvrissement. C'est à ce point de
vue qu'il n'est pas permis à un époux d'abandon-
ner à son conjoint la possession d'une chose dont
un tiers se trouve propriétaire. Si cette possession
est utile, si elle repose sur un juste titre et la bonne
foi, comme, après un certain laps de temps, elle
amènera la propriété, et que déjà elle donne le
droit d'intenter la publicienne et de constituer des
hypothèques (2), le contrat qui interviendrait
entre le possesseur actuel et son conjoint, pour
mettre ce dernier au lieu et place du premier, en-
richirait l'un et appauvrirait l'autre, c'est-à-dire
constituerait une donation prohibée.

31. Lors donc qu'un époux se trouve posséder
utilement *rem alienam*, la tradition de cette chose
au conjoint ne peut permettre à celui-ci ni de
joindre à sa possession celle de son donateur

_____

(1) L. 29, 1, § 1, *de Acq. vel amit. poss.*
(2) L. 18-21, § 1, *de Pign.*

(L. 46) (1), ni de commencer une seconde usucapion (2). L'acte qui sert de base à la possession du donataire est un acte légalement nul, puisqu'il s'agit d'époux et d'un avantage procuré par l'un des deux à l'autre : il est donc impuissant pour servir de titre à une possession utile. Il faudrait, pour que la prohibition ne s'appliquât pas, que le donateur fût lui-même dans l'impossibilité d'usucaper. Comme alors, en donnant à son conjoint, il ne se dépouillerait de rien, ce dernier pourrait posséder utilement, à la condition d'être de bonne foi : son titre ne serait plus une donation défendue (L. 25).

32. Si la donation entre époux ne peut servir de titre à une possession *ad usucapionem* (3), rien ne

---

(1) Nous pensons que la loi 46, h. t., vise, en la prohibant, l'*accessio possessionis*, la possibilité pour un acquéreur de joindre à sa possession celle de son auteur, pour remplir plus vite la condition de temps exigée par l'usucapion ou l'interdit *utrubi*. Cette faculté, introduite *equitatis causa*, sans règles bien spéciales, exigeait cependant que les deux possessions fussent utiles (G. IV, § 151). L'inscription de cette loi 46, comparée à celle de la loi 13 *de Acq. vel amit poss.* et de la loi 1 *utrubi* indique évidemment une liaison entre ces textes, et cette liaison n'est autre chose que l'*accessio possessionis*.

On a encore vu dans le mot *possessio* de la loi 46, la désignation d'un fonds provincial, désignation qui se retrouve dans les lois 14 et 15. C., h. t.

(2) L. 3, *pro don.*

(3) L. 1, § 2, *pro don.*; L. 26 pr., h. t.

l'empêche de servir de base à une possession *ad interdicta* (1). Le donataire possède, et il possède *animo domini* : cela suffit pour qu'il ait les interdits. Seulement il faut observer que, pour l'interdit *utrubi*, il ne pourra joindre la possession de son auteur, parce que ce serait là un avantage prohibé.

33. — II. *Donation des fruits.* — La question de savoir si les donations de fruits étaient permises entre époux, ne peut pas se présenter pour les intérêts, en présence : de la loi 31, §6, *h. t.*, qui permet le paiement anticipé d'une somme d'argent produisant intérêt, de la loi 23, pr. *de Don.*, qui ne voit pas de donation dans la remise des intérêts futurs, et enfin de la loi 15, §1, qui déclare que la femme bénéficiera des intérêts de la somme donnée. Du reste, ce ne sont pas là, à proprement parler, des fruits (2). Il nous faut raisonner dans l'hypothèse des fruits d'un fonds, d'une chose mobilière ou immobilière, en prenant le mot *fruits* dans le sens de produits périodiques et réguliers, conformes à la *destination* de la chose, ce qui exclut le part d'une esclave, et comprend les fruits naturels ou civils.

(1) L. 1, § 9 et 10, *de Vi*; L. 1, § 2, *pro don.*; L. 10, *de Acq. vel amit. poss.*
(2) L. 121, *de V. S.*

34. 1° *Fruits ordinaires.* — Deux hypothèses peuvent être envisagées : ou bien le mari fait donation d'un immeuble à sa femme, et, au jour de la revendication, il s'agit de savoir si les fruits sont compris dans la répétition ; ou bien le mari abandonne à sa femme un immeuble, de manière à lui en faire acquérir la possession, état de fait qu'une prohibition de droit civil ne peut empêcher (n° 30) ; cette possession sera-t-elle pour l'époux donataire un juste titre, qui lui permettra de faire les fruits siens ? — Bien des opinions ont été émises sur cette question.

35. 1er *Système.* — Basé sur la loi 45 *de Usuris et fructibus,* ce système, soutenu par Noodt, distingue les fruits industriels des fruits naturels, pour laisser les premiers au conjoint donataire et lui refuser les seconds. Cette théorie, rejetée, comme théorie générale, par la loi 48 *de Adq. rer. dom.,* et qui, limitée au cas de donations entre époux, tend à récompenser les soins et le travail du donataire, malgré l'erreur de droit qui s'oppose à ce qu'il réclame les fruits en totalité, cette théorie ne nous paraît pas admissible, car nous ne voyons pas pourquoi on attribuerait tous les fruits industriels, *pro culturâ et curâ,* lors même que leur valeur serait de beaucoup supérieure, et réciproquement. La loi 45 *de Usuris et fructibus* exprime une opinion isolée de Pomponius, que nous rejetons.

36. 2ᵐᵉ *Système.* — Ce second système, soutenu par M. de Savigny, embrasse dans la prohibition toute donation de fruits : l'époux qui abandonne une maison à son conjoint, non pas pour y habiter, car la vie commune entraîne l'habitation (L, 18), mais pour en tirer un bénéfice particulier, pour y exercer une industrie, cet époux fait une donation, car il perd le revenu qu'aurait produit l'immeuble ; il sacrifie une somme égale à celle que son donataire économise (L. 9 pr.). — De même si, au lieu d'être une maison, cet immeuble est un fonds de terre.

Cette opinion s'appuie : 1° sur la loi 28 *de Pactis dotalibus* et sur une constitution d'Honorius et d'Arcadius (1), qui prohibent la restitution anticipée de la dot, comme renfermant une donation prohibée ; 2° sur la loi 49, *h. t., commodum* représentant les fruits perçus par le mari. — Quant à l'analogie qu'on veut établir entre les fruits et les intérêts, avec les lois 31, § 6 et 17, *h. t.*, M. de Savigny la repousse, en disant qu'il est bien rare qu'un propriétaire laisse un immeuble improductif, sans qu'on puisse dire qu'il en aliène les revenus, tandis qu'un créancier peut préférer la solvabilité de son débiteur à un paiement d'intérêts : ou même on peut ne voir, dans ce prêt gratuit,

(1) L. un., C. *Si dos const. matr.*

qu'un emploi infructueux, comme tant d'autres, d'une somme d'argent destinée, par sa nature, à être consommée en objets qui n'ont le plus souvent qu'une valeur de convention, objets d'art, de luxe, etc. (1).

37. 3° *Système*. — Diamétralement opposé, un troisième système valide les donations de fruits. — Écartons d'abord les lois relatives à la restitution anticipée de la dot, que nous examinerons plus bas, en nous occupant des revenus dotaux, et qui sont en dehors de la question.

Les textes ne manquent pas ici, pour appuyer cette opinion que l'usage gratuit des immeubles est parfaitement licite entre époux : c'est d'abord la loi 17, *h. t.*, où Ulpien assimile les fruits aux intérêts; puis la loi 53, § 1 qui ne soumet à aucune indemnité, la femme qui a détérioré, en s'en servant, les choses dotales estimées, c'est-à-dire devenues la propriété pleine et entière du mari : c'est encore la loi 9, pr. *de Donat.*, elle-même, qui voit dans l'abandon d'une habitation, une donation, mais en appuyant sa théorie sur ce qu'il y a aussi donation dans l'octroi d'un délai; *donatio* est évidemment employé dans son sens large d'avantage, de gratification, et non dans celui, plus spécial, de libéralité comportant des règles particulières (n° 3).

(1) Voir M. de Savigny, § 147.

C'est enfin la loi 48, *de Usuris et fructibus,* et surtout la loi 1, § 4, *de Pign. et hyp.* (1), qui assimilent l'époux donataire au possesseur de bonne foi, et le soustraient ainsi à la restitution des fruits. Si l'époux donataire est possesseur de bonne foi, pouvant faire les fruits siens, par la perception, c'est qu'il possède en vertu d'une juste cause, puisque c'est là une condition essentielle de l'acquisition des fruits. La cause étant ici nécessairement la donation, on est bien forcé d'en conclure que les jurisconsultes reconnaissaient la donation entre époux comme pouvant servir de juste cause, en d'autres termes, comme permise, au moins dans la limite des fruits.

38. Du reste, je ne vois pas pourquoi l'on se montrerait plus sévère pour les fruits que pour les intérêts, pourquoi l'on ne permettrait pas aux époux de rendre leurs rapports plus intimes, plus affectueux, par des donations de revenus qui laissent, en somme, le capital intact, et ne vont pas contre le but de la loi. Ce but est, non pas de faire des époux deux ennemis auxquels est défendu tout témoignage d'attachement, mais, plutôt, de garantir à chacun d'eux la conservation de sa fortune particulière contre le calcul et la captation. La donation de revenus n'est que temporaire, le

(1) Voir les lois 48 et 65, *de Rei vend.*

donateur n'est pas lié, il pourra reprendre son bien quand il voudra, le capital reste assuré ; c'est tout ce que la loi doit demander : « *Sane non amare,* « *nec tanquam inter infestos, jus prohibitæ dona-* « *tionis tractandum est, sed ut inter conjunctos* « *maximo affectu, et solam inopiam timentes.* » (Paul, sent., L. 28, § 2). Ainsi tombent les raisons présentées, dans le second système, pour différencier les fruits des intérêts.

39. 2° *Fruits dotaux.* — La restitution anticipée de la dot est formellement interdite par la loi romaine, toutes les fois que l'insolvabilité du mari ne met pas cette dot en péril ou que l'on ne tombe pas sur certains cas exceptionnels (1). Mais il ne faut pas se méprendre sur la nature de cette prohibition ; elle n'est pas basée, comme on l'a prétendu, avec la loi 28 *de Pact. dot.*, et la loi *un.* C. *Si dos const. matr.*, sur ce qu'elle renferme une donation entre époux. L'idée est tout autre : il faut remonter aux lois Julia et Papia Poppæa, et se reporter au but que, dans l'esprit du législateur, elles devaient réaliser. Le système de ces lois était un système conservateur de la dot ; pour le compléter, il était nécessaire de veiller à ce que, durant le mariage, l'existence de la famille fût

(1) L. 73, *de J. dot.;* Voir M. Pellat, *de la Dot,* pages 341 et suiv.

3

assurée par la perception des revenus dotaux.
Aussi est-il tout naturel de penser que c'est à une
de ces dispositions législatives que nous devons
attribuer la défense d'une restitution anticipée,
afin de porter obstacle à ce que la destination des
fruits dotaux, qui subviennent, avant tout, aux
charges du mariage, fût changée, détournée de
son but (1). « *Dotis causa perpetua est,* » dit la loi 1
de J. dot. — « *Ibi dos esse debet, ubi onera matrimo-*
« *nii sunt* » (L. 56, § 1 *ib.*). La prohibition une fois
établie, il est possible que les jurisconsultes romains, entraînés par une certaine analogie, aient
cherché à la rattacher à la théorie des donations
entre époux ; mais la cause réelle est la conservation d'un revenu certain dans l'intérêt de la femme
et des enfants ; et, ce qui montre bien qu'il en
est ainsi, c'est que le mari n'est pas libéré par
une restitution anticipée.

Si on n'avait considéré que lui, on aurait
déclaré le sacrifice qu'il consent à faire valable à
l'égard de la femme, qui se trouve ainsi payée
d'avance, et nous savons qu'un tel paiement est
licite entre époux (L. 31, § 0). — Loin de là, le
mari qui a restitué les biens dotaux, pendant le
mariage, en dehors des cas permis, reste toujours
soumis aux charges qui pèsent sur lui, à l'occasion

(1) L. 27, *de Religiosis.*

de la dot : sa femme, à la dissolution du mariage, peut encore la lui redemander, sans qu'il ait le droit de se prétendre libéré (1). C'est donc que la prohibition repose sur des considérations plus élevées que l'intérêt d'une personne isolée ; portée au nom de la famille pour assurer sa prospérité, ou plutôt son existence, par une destination immuable des biens dotaux, la règle qui défend de les détourner de cette destination existe à l'égard de tous : elle est absolue. Du reste, la dot peuvait être augmentée ou même constituée par la femme pendant le mariage, et ce n'était pas là une donation, puisque, les revenus devant faire face aux charges de l'association conjugale, la femme continuait à profiter de ce qu'elle avait aliéné (2).

40. C'est à cette théorie de la nature du principe qui sert de base à la prohibition d'une restitution anticipée de la dot, qu'il faut rattacher une foule de textes de notre titre qui visent les fruits dotaux et viennent confirmer les règles que nous avons exposées.

Ainsi l'abandon de la jouissance de la dot, ou la remise des revenus, soit à titre de pension (L. 21, § 1) pour entretenir la maison (3), soit à titre d'in-

(1) L. 27, § 1, de Religiosis ; L. 1, § 5, de Dote præleg.
(2) Paul sent. 2, t. 21, § 1 ; L. 4, L. 78, de J. dot ; L. 17, L. 26, § 2, de Pact. dot.
(3) L. 2, C., de Pact. conv. tam sup. dot.

demnité pour couvrir la femme de dépenses déjà
faites pour ce même entretien (L. 28, § 6), ne
constitue nullement une libéralité illicite, c'est-à-
dire une restitution anticipée contraire au principe
de la destination de la dot, parce qu'ici la dot
subvient réellement aux charges du mariage : il n'y
a de changé que la main qui débourse l'argent (1);
et même il y aurait présomption que les fruits dotaux consommés par la femme, avec l'autorisation
de son mari, l'ont été pour subvenir aux besoins
de la famille. Il ne pourrait y avoir *condictio* que si
l'on prouvait un enrichissement (L. 8, C.). Au
contraire, si la pension fournie par le mari servait
à la nourriture d'esclaves affectés à l'usage spécial
de la femme (L. 58, § 1; L. 31, § 10), ou si la
femme était entretenue directement (2), les revenus dotaux seraient détournés de leur destination,
et le mari aurait une condiction pour réclamer leur
valeur (L. 21, § 1), tandis que s'il s'agissait de
fruits provenant de biens ordinaires, la répétition
serait impossible, la donation étant licite à leur
égard.

41. Si le mari préfère garder la jouissance de
la dot, ou s'il n'y en a pas eu de constituée, il
pourra pourvoir à toutes ces dépenses, qui sont la
conséquence forcée du mariage, soit directement,

(1) L. 56, § 1, de J. dot.
(2) L. 23, de Pact. dot.

ayec toute latitude, soit en donnant de l'argent
comptant, mais à la condition qu'il soit affecté
réellement à l'entretien de la maison (L. 31, § 9) ;
cet emploi utile, et même nécessaire, empêche
qu'on y voie un enrichissement, et par suite une
donation (L. 11, C.). La femme n'a pas d'action
pour se faire payer cette pension (L. 28, § 7), à
moins que ce ne soit pour se couvrir de dépenses
faites sur l'ordre de son mari (1).

42. Il résulte de tout ceci que les revenus dotaux
sont mis sur la même ligne que l'argent comptant
donné à titre de pension ; tant qu'ils contribuent
aux charges du mariage, le mari peut en laisser la
disposition à sa femme, parce qu'ils vont là où ils
doivent aller ; en dehors de ce cas ils peuvent être
répétés ; de même pour l'argent comptant. Seulement l'argent comptant est répété, comme constituant une donation prohibée, tandis que les revenus dotaux sont réclamés, comme détournés de
leur destination, ce qui entraîne une nullité plus
radicale de cet abandon anticipé, ainsi que nous
l'avons vu plus haut (n° 39).

43. — III. *Donations indirectes*, résultant de
l'omission, de la négligence calculée de l'un des
époux, qui veut procurer à l'autre un certain enri-
richissement. — Deux cas principaux peuvent se

_____

(1) L. 21 pr., h. t. ; L. 20, § 3, *de Pact. dot.*

présenter : 1° le mari laisse éteindre, par le non
usage, un droit de servitude qui lui appartient sur
un immeuble de sa femme; 2° le mari laisse accomplir au profit de sa femme, mise en possession par
un tiers, une usucapion qu'il pouvait empêcher.

44. On a séparé à tort, selon nous, ces deux cas
de donations indirectes; il suffit de lire les lois 28,
pr. *de V. S.* 3, §§ 1 et 4, *quæ in fraudem*, pour se
convaincre que les jurisconsultes romains met-
taient sur le même rang la négligence qui laisse
éteindre une servitude, et celle qui laisse accomplir
une usucapion; nous allons agir de même, dans
l'examen des diverses hypothèses qui peuvent se
présenter.

45. 1er *Cas.* — Le mari laisse éteindre, par le
non-usage, une servitude qui grevait à son avantage le fonds de sa femme.

46. 1° Aucun des deux conjoints ne connaît le
rapport de servitude existant entre leurs deux fonds.
Ici, il n'y a pas un des éléments essentiels de la donation prohibée, l'intention d'enrichir; la servitude s'éteindra, et cela sans *condictio* destinée
à éviter l'avantage qui en est résulté pour la
femme. On ne peut pas dire, avec la loi 5, § 6 : «Si
« *donationis causâ* vir vel uxor servitute non uta-
« tur. »

47. 2° Le mari, propriétaire du fonds dominant,
est seul à savoir que le propriétaire du fonds ser-

vant est sa femme. Nul doute que le mari ait voulu procurer à sa femme un avantage, en dégrevant son fonds d'une servitude onéreuse; son inaction, maintenue dans cette intention, constitue donc une véritable aliénation (1), et par suite une libéralité indirecte, mais réelle. La conséquence la plus simple serait, dès lors, d'appliquer la règle prohibitive des donations entre époux, et de déclarer la servitude non éteinte. Mais comme c'est un état de fait, une inaction prolongée qui entraîne cette extinction, et l'entraîne forcément, sans que l'intention des parties puisse jouer ici un rôle, on maintient l'anéantissement de la servitude, sauf à prévenir l'enrichissement qui pourrait en résulter, au moyen d'une *condictio*. Telle est la solution de la loi 5, § 6.

48. 3° La femme, propriétaire du fonds servant, connaît seule que son mari est propriétaire du fonds dominant. La servitude s'éteindra, et sans *condictio*, comme dans la première hypothèse, puisque l'*animus donandi* manque chez le mari. La mauvaise foi de la femme ne peut rien faire à la perte de la servitude.

49. 4° Les deux époux savent que la relation de servitude existe entre leurs deux fonds. Rien ne peut empêcher que la servitude ne s'éteigne, puis-

____

(1) L. 4, *Quæ in fraudem*; L. 28 pr., de *V. S.*

que, nous l'avons déjà dit, l'extinction résulte d'un état de fait, d'une inaction prolongée, et que cette inaction, du moment qu'elle existe, doit produire son effet indépendamment de toute bonne foi et de tout juste titre. Il n'y a même pas à distinguer les servitudes urbaines qui exigent un acte contraire, des servitudes rurales, qui n'en exigent pas ; la règle est la même (L. 5, § 6). Solution identique à celle de la deuxième hypothèse.

50. 2me *cas.* — Le mari laisse accomplir au profit de sa femme, mise en possession par un tiers, une usucapion qu'il pouvait empêcher. Ce cas présente plus de difficultés ; nous allons, du reste, reprendre les mêmes hypothèses que nous venons de parcourir.

51. 1° Si aucun des deux conjoints ne connaît le droit de propriété du mari, comme alors il n'y a pas intention de faire une libéralité, l'usucapion s'accomplira (L. 44, *in princ.*).

52. 2° Le mari seul apprend qu'il est propriétaire du bien possédé par sa femme, et il laisse cette dernière continuer sa possession. — Et d'abord, il est certain que l'usucapion finira par s'accomplir. En effet, si, en matière de servitudes où un seul acte du mari aurait empêché l'anéantissement du droit, la loi admet que le défaut d'agir ne constitue pas une libéralité s'opposant à ce qu'il y ait extinction de la servitude, à plus forte raison doit-il

en être de même ici, où le mari, en dehors de la
dépossession violente qui est prohibée, n'avait
que la revendication qui n'interrompt pas l'usucapion (1). L'usucapion, conséquence d'un état de
fait, poursuit sa marche tant que le fait qui lui sert
de fondement, c'est-à-dire la possession, ne vient
pas à cesser ; peu importent les événements postérieurs, tels que la mauvaise foi. Mais devons-nous
aller jusqu'à dire qu'il n'y a pas libéralité indirecte, et que, par suite, le mari n'aura pas la *condictio* pour réclamer la valeur de sa chose ?

53. M. de Savigny (2), est de cette opinion ; il
raisonne ainsi : En matière de servitudes, l'avantage qui résulte de l'extinction du droit vient de
l'inaction seule du mari, d'un défaut d'exercice;
au contraire, en matière d'usucapion d'un fonds,
outre la négligence du propriétaire, il faut encore
la possession de celui qui usucape, et cette possession peut cesser par suite d'un fait autre que
l'intervention du *dominus*, qui n'est pas toujours
sûr lui-même de réussir dans son action en revendication. Le mari, dans ce cas, n'est pas seul
cause de l'enrichissement de sa femme, et puis, la
possession de bonne foi de cette dernière lui constitue un titre qui mérite bien qu'on le respecte.
Il ne faut donc pas appliquer la loi 5, §6.

(1) L. 18, de *Rei vendicat.*
(2) Appendice IX.

54. Je repousse cette interprétation. D'abord, le fait de la possession de la femme ne peut pas établir ici de différence entre l'extinction des servitudes par le non usage et l'usucapion d'un fonds ; les servitudes urbaines demandent, pour leur anéantissement, autre chose qu'une simple inaction du propriétaire, elles demandent un acte contraire du propriétaire du fonds servant, une *libertatis usucapio* (1) ; or, la loi 5, § 6, ne distingue pas les servitudes urbaines des servitudes rurales, de manière à tenir compte du fait de possession, qui a contribué à libérer le fonds. Puis, cette opinion pose en règle le défaut de preuves, et la prévarication du juge.

Je crois qu'il faut voir dans cette négligence du mari qui, sciemment, laisse une usucapion s'accomplir au profit de sa femme, l'abandon d'un droit, une libéralité indirecte, et par suite donner la *condictio* conformément à la loi 5, § 6. Sans doute, la femme de bonne foi devait pouvoir compter sur une acquisition qui lui semblait légitimée par sa possession ; mais, n'importe, le concours du donataire n'est pas nécessaire pour qu'il y ait donation : du moment qu'il y a avantage, au su du donateur, la prohibition doit s'appliquer. Le mari pouvait empêcher cet enrichissement résultant

(1) L. 6, *de Serv. præd. urb.*

d'une usucapion : il n'avait qu'à intenter une action en revendication, et par là manifester tout au moins son intention de ne pas faire de libéralité, en supposant qu'il n'eût pas triomphé (1). Par son inaction, il a abandonné, au profit de sa femme, ce droit inhérent à tout *dominium*, celui de revendiquer, et de se faire remettre en possession ou de se faire indemniser. C'est là une véritable aliénation (2).

55. Avant d'examiner les deux dernières hypothèses, il faut nous expliquer sur la ponctuation de la loi 44, *h. t.* Celle qui se rencontre dans toutes les éditions amène une contradiction chez Nératius, puisque, après avoir dit que, si les deux conjoints connaissent le propriétaire, la possession sera interrompue, il ajoute : « *propius est ut nullum.* » Pothier et Godefroy, pour éviter cette contradiction, ont ajouté une interrogation à la phrase : « *An interrumpetur possessio...?* » Dans ce système, les mots : *Propius est...* indiquent l'opinion de Nératius, qui répond à la question en décidant que l'usucapion est possible. — M. de Savigny, au contraire, met un point après les mots *factæ donationis*, et commence une nouvelle phrase à : *Mulieris scientia, propius est ut....* Cette ponctuation semble devoir être préférée. Nératius, en

---

(1) L. 16, *de Fundo dotali.*
(2) L. 28 pr., *de V. S.; L. 4, Quæ in fraudem.*

effet, pose comme un fait certain, que la connaissance du droit de propriété du mari chez les deux
conjoints, transforme le titre de la possession; il
ne dit pas : *Quasi transeat*, mais : *Quia transiit*;
du moment qu'il reconnaît que le titre est inter-
verti, et est devenu une donation du mari, il ne
peut pas admettre la possibilité de l'usucapion,
puisqu'il ajoute plus bas : *Non enim omnimodo...*
De plus, l'opinion de Pothier et de Godefroy donne
à la femme qui connaît, avec son mari, le droit de
propriété de ce dernier, les mêmes avantages que
si son mari n'eût pas su qu'il était propriétaire du
bien livré à son épouse. Il faut donc reconstituer
ainsi la loi 44 : « ... *Et hoc et mulier noverit, in-*
« *terrumpetur possessio, quia transiit in causam*
« *ab eo factæ donationis. Ipsius mulieri scientia,*
« *propius est ut nullum adquisitioni dominii ejus*
« *adferat impedimentum : non enim...* »

Revenons à nos deux dernières espèces.

56. 3° La femme découvre seule la propriété
du mari. — La ponctuation de M. de Savigny nous
fait trouver la solution dans la loi 44, en dehors
des principes généraux : il n'y a pas ici de donation, car il n'y a pas, de la part du mari, intention
d'enrichir, *animus donandi;* l'usucapion s'accomplira utilement.

Peut-être ici pourrait-on dire que l'usucapion
deviendra impossible, si c'est à titre gratuit que

la femme a été mise en possession par le tiers ; mais alors cela résulterait de ce que la possession aurait été interrompue par la survenance de la mauvaise foi chez la femme. Il paraît, en effet, que quelques jurisconsultes exigeaient dans le cas de possession à titre gratuit, *pro donato*, la persistance de la bonne foi pendant tout le temps requis pour usucaper. Justinien, qui rappelle cette règle particulière, a soin de l'abroger, ce qui témoigne qu'elle était assez établie (1).

57. 4° Les deux époux apprennent que le mari est le vrai propriétaire. L'usucapion est ici complétement impossible : la connaissance du mari venant s'ajouter à celle de la femme, il s'opère une tradition de brève-main qui change la *causa possessionis*. La femme, qui possédait auparavant en vertu de la tradition qu'un tiers lui avait faite, est supposée avoir rendu la chose à son mari, et l'avoir ensuite reçue de lui à titre de donation : *Possessio transiit in causam ab eo factæ donationis*. La possession primitive, en vertu d'un juste titre, est interrompue ; et alors commence une nouvelle usucapion, mais sans *justa causa*, puisque la cause est

(1) L. un., *de Usucap. transform.*, M. Pellat, sur la loi 11, § 3, *de Publ. in rem act.*, pense que Ulpien, dans cette dernière loi, et Pomponius dans la loi 4, *pro suo*, visent la théorie spéciale de l'usucapion *pro donato*.

une donation prohibée. Nous suivons, ici, la ponctuation de M. de Savigny.

58. Pour compléter notre théorie des donations indirectes, il nous reste à examiner d'autres cas secondaires. Ainsi, en ce qui concerne la prescription des actions, qui s'accomplissait par trente ou quarante ans depuis Théodose et Anastase, nous pensons qu'il y a là une donation tout au moins indirecte, de même que dans la seconde hypothèse de l'usucapion ; le mari, qui laisse prescrire sa créance, fait une véritable aliénation : il laisse sortir un droit de son patrimoine (1), celui de faire exécuter une obligation valablement contractée. L'action sera perdue, mais une réplique pourra être opposée à la *temporis præscriptio* : il y a là une remise de dette cachée.

De même, l'époux qui laisse volontairement repousser une action fondée, par une exception de son conjoint, son adversaire, ou qui néglige d'opposer une exception légitime, pour faire triompher son conjoint (2), fait une donation susceptible d'être révoquée par la condiction.

---

(1) L. 3, § 1, *Quæ in fraudem;* L. 1, §§ 7 et 8, *Si quid in fraud.*

(2) L. 12, *de Novat.;* L. 1, § 7, *Si quid in fraudem.*

§ IV. — *Donations non comprises dans la prohibition.*

59. Certaines libéralités sont permises entre époux, soit parce qu'elles ne présentent pas les caractères indiqués plus haut, soit parce qu'elles offrent peu d'importance, soit, enfin, parce que leur cause très légitime exclut la crainte qui a fait porter la prohibition.

60. — I. *Libéralités testamentaires.*—Les institutions d'héritier, legs ou fidéicommis, ne devant produire d'effet qu'à un moment où il n'y a plus *vir et uxor*, échappaient, par cela même, à la prohibition générale, qui ne frappait que les actes entre-vifs; mais c'était pour retomber sous l'application de lois célèbres, des lois Julia et Papia Poppæa, qui, par un motif tout autre, dans l'intérêt de la procréation, établirent contre les époux une incapacité rigoureuse.

61. Les lois caducaires enlevaient aux *cœlibes* toute capacité d'acquérir par testament, et déclaraient les *orbi* inhabiles à recevoir au-delà de la moitié de ce qui leur avait été laissé (1), pour attribuer les parts caduques aux *patres*. Les époux furent traités encore plus sévèrement : mariés, ils

____

(1) G. C. II, §§ 286 et suiv.

auraient dû être mis sur le même rang que les *orbi* : la loi, au contraire, ne leur permettait de recevoir que $^1/_{10}$, plus l'usufruit du tiers des biens qui leur étaient enlevés ; seulement ce dixième s'augmentait d'un autre dixième par chaque enfant d'un précédent lit encore existant, ou par chaque enfant commun ayant vécu au moins quelques jours, *post nominum diem* (1) ; de cette manière, il pouvait arriver qu'un époux eût la *solidi capacitas* tout en étant *orbus* par rapport à son conjoint. Du reste, en dehors de l'accroissement par dixièmes, l'époux avait la *solidi capacitas* dans certains cas énumérés par Ulpien (2) ; et, en sens inverse, si le mariage avait été contracté au mépris des lois Julia et Papia Poppæa, par exemple entre un sénateur et une affranchie, y eût-il des enfants issus de ce mariage, les conjoints étaient frappés d'une incapacité absolue de recevoir (3).

Les lois décimaires, maintenues jusqu'à Constantin, furent complétement abolies par Honorius et Théodose II (4).

62. — II. *Donations à cause de mort.* — Ces donations suivirent les mêmes phases historiques que les dispositions testamentaires ; soumises éga-

(1) Ulp., T. XV.
(2) T. XVI.
(3) Ulp., T. XVI, § 2.
(4) L. 2, C., *de Inf. panis cælib.*

lement aux lois décimaires, elles furent, en dehors des restrictions portées par ces lois, permises entre époux : « *Quia in hoc tempus excurrit donationis* « *eventus, quo vir et uxor esse desinunt* » (L. 9, § 2 ; L. 10). Il est vrai que, leur caractère de révocabilité éloignait la crainte d'une pression de la part du donataire.

63. Entre étrangers, la donation à cause de mort se présentait sous deux faces différentes : ou bien le donateur, en opérant tradition, entendait que la propriété de l'objet donné ne fût transférée qu'au jour de l'événement prévu, « *Ut tunc de-* « *mum accipientis fiat, cum aliquid secutum* « *fuerit;* » ou bien, il y avait translation immédiate de la propriété, sauf obligation pour le donataire de la retransférer, dans le cas de réalisation de la condition apposée, « *Ut statim faciat accipientis;* « *si tamen aliquid factum fuerit, aut non fuerit, ve-* « *lit ad se reverti* » (1). Dans ce second cas, nous voyons, par des textes d'Ulpien (2), que ce jurisconsulte admettait la résolution du droit de propriété, *ipso facto*, par le seul accomplissement de la condition, ce qui était contraire aux principes généralement suivis : d'après lui, si l'événement, dont la réalisation doit obliger le donataire à ren-

(1) L. 1 pr., de Don.
(2) L. 29, de M. C. Don.; L. 41, de Rei vendicat.

dre, s'accomplit, ce n'est pas la *condictio* que le
donateur aura pour se faire retransférer la propriété
de l'objet donné, c'est une action *in rem*, directe,
qu'il pourra intenter contre le donataire ou ses héritiers. Cette opinion, personnelle à Ulpien, ou, du
moins, peu répandue à son époque, passa complétement dans le Droit de Justinien (1).

64. Entre époux, la prohibition s'opposant à la
transmission actuelle de la propriété, il ne pouvait
y avoir donation immédiate, sauf résolution dans
le cas de survie du donateur (2) ; la seule donation
possible, était celle conditionnelle, subordonnée,
pour la translation de la propriété, au prédécès du
donateur. Cependant, il y a ici une particularité
à noter : les parties étant liées par la prohibition, ne pouvant faire produire instantanément
effet à la libéralité, on arriva à tenir compte de
leur intention, lorsqu'elle aurait été manifestée
dans le sens d'une rétroactivité du bénéfice de la
donation au jour même de la convention. S'il ne
s'agit que d'une simple promesse, non suivie de
tradition, et qui ne doit que donner une action au
donataire au jour du prédécès du donateur, la rétroactivité n'a lieu qu'à la condition d'une volonté
formellement exprimée. S'il s'agit, au contraire,

(1) L. 2, C., *de Don. quæ sub modo*, Voir M. Pellat, *Comment. de la loi* 41, *de Rei vendic.*

(2) L . 41 pr., *h.t.*; L. 76, *de Hered. inst.*

d'une donation suivie de tradition, le fait seul de cette tradition suffit pour que la rétroactivité ait lieu en faveur du donataire survivant, qui profite ainsi de toutes les acquisitions survenues depuis la libéralité, à l'occasion de la chose (1). Au moyen de cette théorie, la donation à cause de mort, entre époux, équivaut à la tradition avec translation immédiate de la propriété : seulement, si la condition ne se réalise pas, entre étrangers ce serait la *condictio* (du moins d'après les jurisconsultes autres que Ulpien, n° 63), entre conjoints c'est la revendication qui appartient au donateur : *Nihil agitur* (L. 52, § 1).

65. Mais il ne faut pas croire que la rétroactivité eût toujours lieu : 1° une volonté expresse peut demander que la transmission soit différée au jour de la mort ; 2° cette volonté expresse est supposée dans certains cas où *emergunt vitia*, c'est-à-dire où la rétroactivité serait plus désavantageuse qu'utile.

Par exemple, le donateur pourrait se voir enlever le bénéfice de la libéralité, parce que lui ou la personne qu'il a interposée ne s'est trouvé *sui juris* qu'au jour de la mort ; pour ce cas, évidemment, il faut rentrer dans les règles ordinaires, et ne pas faire tourner une faveur contre elle-même

(1) L. 40, *de M. C. D.*; L. 20, 11, §§ 5 et 9, *h. t.*

(L. 11, §§ 3 et 4. L. 11, §§ 2 et 6). A ce propos, on
doit observer que si l'un des conjoints, le donataire, interpose une personne qu'il charge de recevoir pour lui, il faut que la propriété repose au
moins un instant de raison sur la tête de ce mandataire (1). Ainsi, une femme prie un tiers de recevoir pour elle; ce tiers reçoit, remet à la femme
sa mandante, et meurt avant le mari dont le décès
doit donner ouverture à la donation : le mari, durant le mariage, avait les mains liées par la prohibition, pour transférer la propriété de la chose
donnée, soit à sa femme, soit au mandataire de
celle-ci; ce dernier, n'ayant jamais été rendu propriétaire, n'a pas pu, par la tradition qu'il a opérée
avant sa mort, donner un droit qu'il n'avait pas; la
donation doit donc s'évanouir forcément (L. 11,
§ 7). Au contraire, si c'était le mari qui avait inter-
posé le tiers, la tradition opérée par ce dernier,
même constant le mariage, aurait été faite *a do-
mino*, et la donation aurait été valable; la rétroactivité ici produit ses effets ordinaires, et même
elle est indispensable pour qu'on puisse valider la
transmission de propriété. Du reste, si le mandataire du donateur survit à son mandant, il faut
qu'il remette la chose au donataire, avant le retrait de ses pouvoirs, s'il ne veut pas être soumis

(1) L. 76, *de Hered. instit.*

à une condiction ; tandis que si l'interposition vient du donataire, dès le jour de la mort du donateur, la propriété passe de la tête du mandataire sur celle du mandant (L. 11, § 8).

66. — III. *Donations à cause de divorce.* — Le divorce pouvait avoir lieu indépendamment de toute idée de calcul, soit par consentement mutuel, soit pour raisons graves (L. 60, § 1, et 61). On permettait dès lors à l'époux divorçant de faire à son conjoint une donation à titre de dédommagement, mais à la condition que ce fût au moment même du divorce, et non dans la prévision d'un divorce futur, ni comme prix de la séparation (1) ; et si le donateur venait à mourir avant d'avoir divorcé, la non-réalisation de la condition d'où dépendait la la donation s'opposait à ce que la libéralité produisît effet. Le divorce facilitait donc les donations entre époux ; mais d'un autre côté, il faisait tomber les donations à cause de mort antérieures, car une séparation demandée par le donateur renferme une révocation tacite : ce n'était qu'au cas de divorce fait *bonâ gratiâ*, qu'une manifestation expresse de repentir pouvait être nécessaire.

67. — IV. *Donations à cause d'exil.* — Les peines de l'exil et de la déportation, sans dissoudre pour cela le mariage, étaient suffisantes

(1) L. 11, § 11 ; L. 12, h. t ; L. 134 pr., *in fine, de Verb. oblig.*

pour faire perdre la qualité de citoyen romain, et constituer une cause péremptoire de divorce (1); elles enlevaient même en règle générale au condamné la disposition de ses biens, que le fisc vendait sans respecter les libéralités faites *suspicione pœnæ* dans le but de le frauder (2). Entre époux, où le dévouement, la fidélité conjugale demandaient une récompense, on admit des libéralités faites spécialement *exilii causâ*, en faveur de l'époux qui, malgré la peine infamante portée contre son conjoint, consentait à respecter le lien du mariage. Non-seulement, l'époux donataire, *deportationis causâ*, n'avait pas besoin de divorcer pour profiter de la libéralité (3), ce qui confondrait les deux espèces de donations, mais nous pensons que le fait seul de demander le divorce, devait enlever au donataire le bénéfice d'une libéralité considérée comme *pudicitiæ prœmium*.

Quant aux donations *mortis causâ* antérieures, il faut les maintenir, malgré la loi 7 *de M. C. D.*, puisque les conjoints pouvaient, pour se gratifier, se reporter directement au fait de l'exil; et puis, ce serait trop dur de frapper l'époux donataire, qui n'est nullement coupable, de faire retomber sur lui le crime de son conjoint : seulement la libéra-

(1) L. 13, § 1, *h. t.*; L. 1, C., *de Repudiis.*
(2) L. 7, *de M. C. D.*
(3) Opinion de Pothier, *Pandectes.*

lité ne sera réellement confirmée que par le 'prédécès du donateur, qui reste toujours maître de
révoquer (L. 13, § 1).

68. — V. *Donations qui n'appauvrissent pas le
donateur*. — En dehors des cas de mandat, de dépôt, de commodat, qui peuvent procurer un certain avantage, une certaine économie au mandant
ou au déposant, mais qui ne modifient nullement
l'étendue des biens du mandataire ou du dépositaire (1), les Romains ne voyaient pas de donation,
c'est-à-dire d'acte appauvrissant l'un au profit de
l'autre, dans la renonciation à une augmentation
possible de richesse : « *Qui occasione adquirendi
non utitur, non intelligitur alienare* » (2). Grâces
à ce principe, qui n'est, au demeurant, qu'une
subtilité et qui s'appliquait aussi en matière d'action paulienne, on admettait entre époux : 1° la
répudiation d'une hérédité ou d'un legs, pour en
faire profiter le substitué (L. 5, §§ 13 et 14) ; 2° la
donation de la chose d'autrui, à moins que le donateur ne fût en train d'usucaper (*sup.*, n° 31) (3) ;
3° la restitution d'une hérédité fidéicommissaire,
sans prélever la quarte Falcidie en vertu du sénatus-
consulte Pégasien, ou sans profiter du droit donné
par le testateur de prendre une certaine somme,

(1) L. 9, § 3, *de J. dot.*; L. 58, § 2, *h. t.*
(2) L. 28 pr., *de V. S.*
(3) L. 3, *pro donato.*

et cela pour suivre la foi du défunt (L. 5, § 15);
4° la renonciation à un legs ou à une hérédité que
quelqu'un nous destine, pour que la libéralité soit
reportée à notre conjoint (L. 31, § 7); c'est probablement l'incertitude des dispositions testamentaires, qui fait valider une opération qui serait
nulle, si elle était faite à l'occasion d'un acte entre-
vifs (L. 3, § ult.).

60. — VI. *Donations qui n'enrichissent pas le*
donataire. — L'enrichissement du donataire est
une des conditions essentielles exigées pour qu'il
y ait libéralité prohibée; et encore faut-il que cet
enrichissement soit réel, ou n'ait pas une cause
tellement favorable, qu'il serait trop rigoureux
d'annuler l'acte. Ainsi étaient valables:

70. 1° La donation d'un lieu pour la sépulture
(L. 5, § 8). Jusqu'à l'inhumation, le donateur con-
serve son droit de propriété, et ce n'est qu'à ce
moment que le terrain devient religieux (L. 5;
§ 10; L. 9). Sans doute, le donataire évite ainsi
un achat nécessaire; cependant on ne voit pas là
d'enrichissement, et la solution s'explique par une
faveur toute spéciale pour les époux, sans chercher
à la rattacher à la raison du texte: « *Non idcirco*
fit locupletior, quod non expendit; » car entre
étrangers il y aurait enrichissement. Cette théorie
particulière amène une autre conséquence: si c'est
le corps du donataire qui, par son inhumation doit

rendre le terrain religieux, on n'en maintient pas moins la donation (L. 5, § 11), sans se préoccuper du principe qui défend aux héritiers d'invoquer un droit prenant naissance après la mort du promettant ou du stipulant (1).

71. 2° Les donations d'esclaves, pour les affranchir (L. 22, C.). Il est vrai que le donataire acquiert les droits de patronage, mais la faveur de la liberté demandait ici qu'on se relachât de la règle prohibitive. Aussi la condition première de la validité de la donation est un affranchissement effectif : si l'esclave ne peut être doté de la liberté (L. 9 pr.), ou si le donataire ne se conforme pas aux termes formels ou tacites de la convention qui fixait un certain terme pour la manumission, la donation tombe, car la propriété de l'esclave ne passe sur la tête du donataire qu'au jour où la liberté est donnée, conformément aux conditions apposées (L. 7, § 8 ; L. 8).

72. Il n'y a pas lieu d'appliquer ici la constitution de Marc-Aurèle, d'après laquelle l'esclave vendu à condition d'être affranchi dans un temps donné, est arraché au pouvoir de son maître oublieux de sa promesse, en devenant libre *ipso facto* à l'expiration du délai (2); le conjoint donateur,

---

(1) G. III, § 100.
(2) L. 2, 3, C., *si manc. ita fuer. al.*

étant resté propriétaire de son esclave, est toujours libre de lui accorder le bénéfice dont il voulait le gratifier (L. 7, § 8). Si le donataire a imposé des services à l'esclave, en l'affranchissant, ces services sont dus, car ils ne sont pas considérés comme un enrichissement appréciable en argent (1); seulement il n'en serait pas de même, dans le cas où, au lieu de simples services, l'esclave donnerait à son nouveau maître, comme prix de sa liberté, une somme d'argent prise sur le pécule que lui avait confié le conjoint donateur : l'enrichissement serait ici certain.

73. 3° Les donations faites pour arriver aux dignités, aux honneurs (L. 40, 41, 42), pour des sacrifices religieux ou des usages publics (L. 5, § 12), pour réparer des bâtiments détruits par un événement de force majeure (L. 44).

74. 4° Une foule de donations de peu d'importance, telles que : des cadeaux de vêtements (L. 31, § 1), ou de laine (L. 29, § 1 ; L. 47) ; des prêts d'esclaves (L. 28, § 2) ; l'abandon momentané de l'usage de certaines choses (L. 53, § 1) ; les présents accoutumés aux calendes de mars, aux fêtes religieuses et au jour de la naissance (L. 31, § 8).

5° La remise d'un gage (2).

---

(1) L. 5, § 5; L. 9, § 1, *præscript. verb.*
(2) L. 18, *quæ in fraudem.*

6° La donation faite par un époux à un étranger, par l'intermédiaire de son conjoint, de manière à ce que ce dernier n'en tire aucun avantage (L. 49-34).

75. Observons, en terminant, que les donations permises ou défendues entre époux, le sont également entre les personnes énumérées plus haut (n° 15), auxquelles la prohibition a été étendue. Ainsi un beau-père peut donner à son gendre en vue du divorce des deux époux, mais non en vue du sien propre, car le lien subsisterait toujours (L. 53).

§ 5. — *Sanction de la prohibition.*

76. Pour établir quelle était la sanction de la loi prohibitive des donations entre époux, il nous faut examiner séparément le cas où la libéralité se manifeste par une tradition, et celui où elle consiste dans une promesse ou dans une acceptilation ; nous rechercherons, en même temps, la portée de l'acte juridique avec une tierce personne, lorsque cet acte juridique a été le moyen d'opérer la donation. En ce qui concerne les donations indirectes, ou déguisées sous l'apparence d'un contrat à titre onéreux, nous ne ferons que renvoyer à ce que nous avons dit plus haut (n° 25 et suiv.).

77. — I. *Donations par tradition.* — La prohi-

bition empêche que la tradition produise aucun
effet, ni propriété, ni juste cause d'acquisition (L.
3, §§ 10 et 11). La nullité étant absolue, le donateur pourra toujours revenir sur sa libéralité, et
enlever à son conjoint le bénéfice dont il l'a gratifié
au mépris de la loi. La chose donnée existe-t-elle
encore, la voie de droit ouverte au donateur est la
revendication ; la chose donnée est-elle détruite,
c'est la condiction qui permettra d'en obtenir la valeur.

78. Cette théorie d'une nullité radicale de la
donation, a reçu quelque adoucissement, lorsque
l'opération se complique de l'intervention d'une
personne étrangère qui, sans jouer le rôle de donateur ou de donataire, est cependant partie dans
l'acte, et partie intéressée. Ainsi, le mari donne
mandat à son débiteur de payer à sa femme ; le
droit strict exigerait ici une nullité absolue, d'après
laquelle le débiteur, toujours engagé vis-à-vis du
mari, resterait propriétaire des écus, et pourrait les
revendiquer. Mais une doctrine plus libre suppose
que les écus ont été payés au mari, puis remis par
ce dernier à sa femme : le paiement fait au mari a
libéré le débiteur, et le mari, devenu et resté propriétaire de l'argent, puisque la tradition qu'il en
a faite à sa femme est nulle, aura l'action en revendication pour le recouvrer (L. 3, § 12). Il en
sera de même si le mari dit à celui qui veut le grati-

fier, de reporter son intention libérale sur le conjoint : le mari est censé avoir reçu la chose, puis
l'avoir donnée à sa femme, de telle sorte que c'est,
non pas un droit à acquérir, mais un droit acquis
qu'il abandonne, et, dès lors, c'est à lui qu'appartient la revendication (L. 3, § 13 ; 4 et 56). On
peut encore supposer que la chose est livrée à la
femme, non par un débiteur ou un donateur, mais
par un simple mandataire du mari (L. 52, § 1).

79. Cette tradition de brève-main, qui permet
ici de valider pour partie, en le décomposant, l'acte
où un tiers est intervenu en outre des deux conjoints,
se retrouve aussi comme moyen de faire acquérir
une *condictio* par une personne étrangère dans la
loi 15, *de Rebus creditis*, et dans la loi 43, § 1, *de
Jure dotium* ; c'est le résultat d'une théorie plus
libre, sur la matière de la possession, qui n'a pas
été admise par tous les jurisconsultes. Nous voyons,
au digeste, qu'Africain (2) n'admettait pas ce trans-
port invisible au mari de la possession et de la
propriété des écus livrés par le débiteur, comme
moyen d'arriver à une extinction de la dette ainsi
soldée. Cette contradiction avec les textes de Celsus,
de Julien et d'Ulpien, que nous avons cités plus
haut, s'explique parfaitement par une doctrine plus
stricte, plus sévère, chez Africain, doctrine dont

(1) L. 38, § 1, *de Solut.*

nous trouvons encore l'expression dans la loi 34,
pr. *mandati*.

80. Il nous reste à étudier le but et l'étendue des
actions accordées au donateur, la revendication et
la condition.

81. — 1° *La revendication* appartient au donateur lorsque la chose donnée existe encore ; seulement, comme c'est lui qui a fourni au donataire
causam possidendi, les règles ordinaires subissent
quelques modifications : en cas de non restitution,
la valeur de la chose sera déterminée à juste prix
par le juge, et, de plus, le donateur sera tenu de
donner caution *de evictione* à son donataire, non
pas à la vérité pour le double, mais pour le simple
montant de l'estimation (L. 30); tandis que dans la
revendication de droit commun, c'est sur le serment du donateur qu'est fixée la valeur de la chose,
et il n'y a pour lui aucune obligation de garantir
le donataire contre l'éviction.

82. En dehors de ces deux exceptions, il faut
suivre les règles ordinaires. S'il s'agit par exemple
de matériaux employés à un bâtiment par le donataire, le donateur n'aura la revendication qu'après
la séparation; la raison de la loi des XII Tables « *Ti-
gnum junctum œdibus ne solvito* » subsiste ici tout
entière, malgré le silence des décemvirs, dont Neratius tire à tort un argument *à contrario*, en disant que, puisque les rédacteurs de la loi n'ont pas

prévu ce cas, il faut ne pas appliquer la disposition et donner au donateur l'action *ad exhibendum*
suivie de la revendication (L. 63). La seule différence vient de ce que les matériaux ayant été employés du consentement du maître, on ne donnera
pas contre le donataire l'action *de tigno juncto* au
double, qui s'applique seulement en cas de vol.

Le donateur pouvait du reste intenter de suite la
condiction ou même la revendication, lorsque cette
revendication ne devait occasionner aucun dom-
mage au bâtiment (L. 45); l'idée de commerce
étant complétement étrangère ici, ce n'était pas le
cas d'appliquer le sénatus-consulte d'Adrien qui
défendait la destruction des édifices pour revendre
les matériaux (1).

83. Resté propriétaire, le donateur profite de
tous les accessoires, par exemple des constructions
élevées, mais à la condition de tenir compte des
impenses utiles. Le paiement en est garanti au
donataire par le droit de retenir la chose principale
jusqu'à complet désintéressement; mais il faudra
qu'il compense, de son côté, le montant de la plus-
value avec l'estimation des fruits par lui perçus
avant la litiscontestation (2) : le donataire est ici
assimilé complétement au possesseur de bonne
foi.

(1) L. 41, § 1, *de Leg.*, 1°.
(2) L. 38, *de Rei vendicat.*; L. 1, § 4, *de Pign. et hyp.*

84. — Une conséquence inverse de ce que le droit de propriété est demeuré sur la tête du donateur, c'est que la chose périt pour lui (L. 28 pr.), du moins lorsqu'elle périt par cas fortuit. Si la perte résulte d'un acte volontaire du donataire, le droit rigoureux serait également de donner contre lui l'action *ad exhibendum*, comme ayant cessé par dol de posséder, ou l'action de la loi Aquilia, comme ayant détruit ou endommagé la chose donnée : c'est là la théorie de Pomponius et de Julien dans les lois 14 *ad exhibendum* et 37, *h. t.*; cependant Julien exige le *dolus*, en ajoutant : « *Maxime si post divortium id commiserit,* » ce qui semble dire que, avant la séparation, la question pouvait être douteuse. Il est probable, en effet, que, même avant le sénatus-consulte d'Antonin Caracalla, des jurisconsultes plus larges avaient trouvé dans ce fait que le donataire possède, dispose de la chose au su du propriétaire, ce qui équivaut à un consentement tacite, une raison suffisante pour ne pas faire retomber sur lui une perte qui ne lui cause aucun enrichissement ; d'après eux la *consumptio,* en l'absence du dol, devait écarter toute action (L. 28 pr.). Depuis le sénatus-consulte, cette interprétation est constante (L. 32, § 9).

85. — Si la chose donnée a été remplacée par une autre, la revendication est impossible, et le

donateur n'a plus qu'une condiction, pour réclamer la valeur totale s'il a voulu faire une avance,
ou seulement le montant de l'enrichissement s'il
a voulu faire une donation (L. 9 C.); que si la
chose a changé d'espèce, le donataire en reste
également propriétaire (L. 29, § 1); il est vrai
que Gaius (L. 30) accorde au donateur une action
en revendication utile. Une autre application de ce
principe que le donateur ne peut réclamer que la
chose donnée et non sa représentation, se rencontre dans la loi 16 C. qui est du reste postérieure
au sénatus-consulte.

86. 2° La *condictio* vient suppléer la revendication lorsque la chose donnée n'existe plus; elle
prend alors le nom de *condictio sine causâ* ou *ob
rem dati*. Action de droit strict, n'admettant pas le
bénéfice de compétence, la condiction se donne
dans la limite de l'enrichissement qui est résulté
pour le donataire, *quatenus locupletior factus est*
(L. 5, § 18; L. 6); de telle sorte que si, par
exemple, le donataire a employé l'argent donné à
un prêt ou à un achat, le donateur ne pourra réclamer par la condiction que jusqu'à concurrence
de la solvabilité de l'emprunteur ou de la valeur
de la chose achetée. Pour apprécier l'enrichissement, il faut compter les produits qui ne sont pas
des fruits, tels que les parts d'esclaves (L. 28, § 5).
Du reste, comme l'enrichissement ne résulte que de

5

la présence de la chose dans les biens du conjoint donataire, ce dernier est libéré par la restitution (1); et, s'il y a eu donation réciproque, on établit une compensation lors même que l'un des deux donataires aurait complétement dissipé la chose par lui reçue (L. 7, § 2; L. 48).

87. Avant Justinien, le mari, actionné par l'action *rei uxoriæ* en restitution de la dot, pouvait opposer une *retentio propter res donatas* (2), qui était une sorte de compensation ; mais depuis la loi 1, § 5, C., *de Rei uxoriæ act.*, les rétentions que nous rencontrons dans Ulpien ont été supprimées, par suite de la transformation de l'action *rei uxo-riæ*, en une action *ex stipulatu* de bonne foi.

88. Si le donataire est devenu insolvable, il n'y a pas moins lieu à la condiction pour enrichissement, la valeur de la chose donnée ayant évidemment amélioré la position du donataire en diminuant le degré de son insolvabilité (L. 55). On est même allé plus loin: pour que le donateur pût éviter les suites de l'insolvabilité de son conjoint, on lui a accordé une action en revendication utile, qui lui a donné le droit de réclamer la chose achetée avec son argent contre tout possesseur, même contre l'acheteur devenu propriétaire, et pouvant intenter la revendication directe. C'est là un privi-

(1) L. 66, § 1, Solut. matrim.
(2) Ulp., Reg. VI, § 9.

lége, exorbitant sans doute, mais qui s'explique par le besoin de sauvegarder d'une manière absolue les intérêts du donateur, intérêts qui se fondent avec la nécessité d'une stricte observation de la loi prohibitive des donations entre époux (1).

89. Le moment qui doit déterminer le montant de la restitution à opérer par le donataire, est celui de la litiscontestation, et non pas celui de la sentence (L. 7 pr., et § 3); c'est à ce moment qu'il faut apprécier les deux éléments indispensables de la

(1) Nous trouvons au Digeste plusieurs exemples de revendications utiles se comprenant par la faveur toute spéciale que réclament certaines créances. C'est ainsi que le militaire peut demander, au moyen d'une *rei vendicatio utilis*, la chose achetée avec son argent par le tiers qu'il avait choisi comme dépositaire (L. 8, C., *de Rei vendicat.*). Ainsi encore, comme garantie de l'insolvabilité du tuteur ou du curateur, on donne au pupille ou au mineur une action *in rem utile*, contre tout détenteur d'une chose provenant de son argent (L. 2, *quando ex facto tutoris*). Enfin c'est ainsi que la loi 54, *de Jure dotium*, donne à la femme le droit d'exercer non-seulement un privilége, mais encore une revendication utile sur les choses achetées avec l'argent dotal, comme si elles étaient dotales, soit que nous considérions ce texte avec le sens que les compilateurs ont voulu lui donner, pour le mettre en rapport avec les constitutions 30, *de Jure dotium*, et 12, *Qui potior. in pign.*; soit, au contraire, que nous admettions que Gaïus visait un cas spécial, celui où la femme se trouve en présence d'un adjudicataire de biens hypothéqués à l'Etat, en présence d'un *prædiator* ayant acheté du mari, non pas un fonds dotal, que protége la loi *Julia*, mais un fonds provenant de l'argent dotal. (Voir M. Pellat, *Comment. loi 54, de Jure dotium.*)

réclamation, c'est-à-dire l'enrichissement du donataire, et l'appauvrissement du donateur, de telle
sorte que la demande ne soit pas supérieure à la
valeur de la chose au jour de la litiscontestation
ou au jour de la donation (L. 28, § 3). S'il y a eu
achat par le donataire, partie avec son argent, partie avec l'argent donné, la diminution de valeur
sera supportée par tous les deux, proportionnellement (L. 7, § 4). Il faut observer que les intérêts
ne sont pas dus, même à partir de la litiscontestation, puisque, dans les actions de droit strict, ils ne
peuvent résulter que d'une nouvelle obligation (1).

90. En ce qui concerne les risques, le donateur
les supporte jusqu'à la litiscontestation, et il supporte non-seulement ceux de la chose achetée avec
l'argent donné, mais encore ceux de la chose qui
ne représente la donation que médiatement. En
effet, la chose achetée avec l'argent provenant de
la vente de l'objet donné, est la représentation,
médiate peut-être, mais réelle, de cet objet, ou
plutôt de l'enrichissement du donataire, et il n'y a
enrichissement qu'autant que cette seconde chose
existe encore (L. 29-28, § 4). Il faut cependant
que l'acquisition soit sérieuse et personnelle; ainsi
la femme ne sera pas supposée s'être enrichie, si
elle a dépensé l'argent donné pour l'entretien de

(1) L. 121, de l'verb. signif.

sa maison (L. 31, § 9), ou pour s'acheter des choses inutiles comme des parfums (L. 7, § 1). Les risques ne sont plus à la charge du donateur, lorsque, par son intervention, le donataire se trouve libéré d'une dette étrangère, par exemple si l'argent donné a servi à désintéresser un vendeur ; dans ce cas, que la chose achetée périsse ou non, il n'y en a pas moins enrichissement, puisque le donataire se trouve dispensé de prendre sur sa fortune particulière une somme qu'il aurait toujours fallu payer : le donateur pourra répéter la somme entière, autrement la règle prohibitive eût été trop facilement tournée (L. 7, § 7; L. 50 pr., § 1).

91. Lorsqu'on ne sait pas de quelle source vient l'acquisition, il faut présumer qu'elle vient du mari, afin d'éviter la supposition d'un gain honteux pour la femme (L. 51).

92. — II. *Donations par promesse ou acceptilation*. — Est nulle toute promesse faite *donationis causâ* (L. 3, § 10). La dette n'existant pas, un paiement effectué plus tard en vertu de la stipulation, constituerait une nouvelle donation également nulle.

93. Il en est de même de l'acceptilation : l'obligation primitive subsiste toujours, et le créancier peut faire valoir son droit, sans avoir besoin d'opposer une réplique. Si le conjoint est un *co-reus promittendi*, ses codébiteurs et lui-même conti-

nuent à rester obligés, que l'acceptilation soit faite à l'époux donataire, ou à l'un de ses *co-rei*. Seulement, lorsque c'est à l'un des codébiteurs étrangers que l'acceptilation est faite, si elle n'opère pas extinction de la dette *ipso jure*, elle vaut au moins comme pacte *de non petendo*, produisant un effet tout personnel que ne peut invoquer le conjoint. C'est dans ce sens que Voët entend la loi 5, § 1, en s'appuyant sur les lois 8 pr., *de Acceptilatione*, et 3, § 3, *de Liberatione legatâ*. Cette interprétation permet de respecter le principe de la loi 5, § 2, qui veut que la partie de l'acte contenant la donation, soit seule déclarée nulle, lorsque les intentions des époux sont divisibles.

94. Cette théorie de la nullité de la promesse ou de l'acceptilation, est la même, que l'opération se fasse d'époux à époux, ou qu'une personne étrangère intervienne dans l'acte. Ainsi le mari veut nover par expromission la dette de sa femme, ou donner un fidéjusseur : les choses restent dans le même état qu'auparavant; la libération de la femme, l'engagement du mari ou du fidéjusseur, tout est nul (L. 5, § 4). Ainsi encore, le mari charge un de ses débiteurs de s'engager vis-à-vis de sa femme, la novation n'a pas lieu : dans ses rapports avec le mari, le débiteur délégué n'est par libéré ; il n'a qu'une exception de dol, s'il a livré les écus, pour repousser la poursuite, à la condition de cé-

der son action en revendication au mari, ce dernier ayant toujours de son chef contre son donataire une condiction *quatenus locupletior facta est* (L. 39). Réciproquement, dans ses rapports avec la femme, l'engagement du débiteur n'est pas valable; et s'il paie, il aura la revendication ou la condiction pour recouvrer la somme, suivant qu'elle n'aura pas ou qu'elle aura été consommée.

CHAPITRE II.

ÉPOQUE POSTÉTIEURE AU SÉNATUS-CONSULTE D'ANTONIN CARACALLA.

95. Jusqu'ici nous avons vu que les libéralités entre conjoints étaient prohibées d'une manière absolue, sauf la faculté pour le donateur de les valider par une confirmation expresse, mais dénuée de tout effet rétroactif. Née sous Auguste, cette théorie subsista dans toute son intégrité jusqu'à Septime Sévère, dont le règne commence une nouvelle période de l'histoire des donations entre époux. Un sénatus-consulte, rendu vers l'an 206, alors que Septime Sévère avait associé à l'empire Antonin Caracalla son fils, vient modifier les anciennes règles: les donations entre époux sont

presque complétement assimilées aux donations à
cause de mort : elles échappent à toute action en
révocation des héritiers, si le donateur meurt en
persévérant dans son intention de libéralité (L. 32,
§ 2). C'est là une innovation importante, qui rentre
davantage dans l'ordre régulier des choses : les
époux peuvent se gratifier, se témoigner réciproquement leur affection, leur reconnaissance, et il
n'y a pas à craindre de pression ni de captation de
la part du donataire, puisque la donation reste essentiellement révocable.

Nous étudierons successivement : l'application
du sénatus-consulte, au point de vue des personnes,
et au point de vue des différentes espèces de libéralités ; la confirmation et ses effets.

§ 1ᵉʳ. — *Application du sénatus-consulte.*

96. — I. *Aux personnes.* — Le sénatus-consulte
s'applique à toutes les personnes, époux ou
membres de la famille, comprises dans la prohibition (L. 32, §§ 16 et 20) : la donation dans toutes
les hypothèses étudiées plus haut (nᵒˢ 15 et suiv.)
sera confirmée par le prédécès du donateur ; il faut
seulement que ce prédécès soit lui-même postérieur à la solution du lien qui entraînait l'application des règles prohibitives. Supposons, en effet,
qu'il s'agisse du cas où un beau-père fait une do-

nation à sa bru: si au jour de la mort du beau-père son fils vit encore, déclarer la donation confirmée en vertu du S. C., ce serait faire produire effet à une libéralité entre personnes unies par mariage, puisqu'il y a assimilation de la donation faite par le beau-père à sa bru à la donation faite par le fils à sa femme; au contraire, si, au jour de la mort du beau-père, son fils est prédécédé, rien n'empêche la bru de profiter de la libéralité, l'obstacle à la validité de l'acte, le mariage, n'existant plus à ce moment (L. 32, § 16).

Lorsque c'est un fils de famille qui a donné à sa femme son pécule *castrans* ou *quasi-castrans*, comme il était *sui juris* par rapport à ces biens, son prédécès seul confirmera la libéralité (L. 32, § 17). — De même au cas d'émancipation.

97. — II. *Aux actes juridiques.* — Sont confirmés par le prédécès du donateur les donations faites *constante matrimonio*, comme celles faites entre fiancés, mais pour produire effet au moment du mariage (L. 32, § 22). Cependant on n'a pas admis d'une manière générale l'application du sénatus-consulte à toutes les diverses formes de libéralités: le doute ne pouvant s'élever pour les donations exécutées par tradition (L. 32, § 23), ni pour celles consistant dans une acceptilation, en présence des mots « *sive obligatio remissa,* » une vive controverse s'est élevée sur le point de savoir s'il fallait

étendre la nouvelle législation aux donations opérées au moyen d'une stipulation. Deux systèmes se trouvent ici en présence : Vinnius, Pothier et Cujas repoussent l'extension du sénatus-consulte ; au contraire, Voët, Ant. Faber, Noodt et M. de Savigny soutiennent, avec des arguments différents, que le sénatus-consulte embrasse toutes les diverses espèces de donations.

98. 1er *Système.* — Ce système s'appuie sur la loi 23 où Ulpien semble approuver, par le mot *rectè,* l'opinion de Papinien excluant de l'application du sénatus-consulte les donations consistant dans une promesse ; 2° sur le mot *eripere* de la loi 32, § 2, qui suppose une tradition, puisqu'il s'agit d'enlever au donateur la chose à lui remise. Ces arguments une fois établis, il reste à les concilier avec les lois 32, § 1, et § 23, 33 pr. et § 2, et avec la Constitution 2 *de dote cautâ,* qui les contredisent formellement.

90. 1° Aux termes de la loi 33, § 23, «*generaliter universæ,*» on répond, que ces mots posent la question sans la trancher, qu'il reste toujours à démontrer ce qu'ils avancent ou plutôt quelles donations ils embrassent dans leur généralité.

100. 2° Quant au passage « *Et obligatio sit civilis* » du § 1 de la loi 32, il a trait, soit à une obligation exécutée qui, par suite de la confirmation, est à l'abri de toute rescision, soit une promesse de

garantie d'éviction dans le cas de vente intervenue entre conjoints ; ou bien encore, il vise le cas où un époux cède à l'autre ses actions contre un tiers, en le constituant *procurator in rem suam*. Une fois le mariage dissous par le prédécès du donateur, le cessionnaire a contre le cédé les actions civiles, le cédé se trouve civilement obligé ; enfin, on ajoute que cette interprétation est conforme au sens du mot *eripere* employé par le jurisconsulte.

101. 3° Pour repousser l'objection tirée de la loi 33 pr. et § 2, on voit dans ces textes une décision spéciale aux annuités qui représentent une pension alimentaire ; et même, en supposant qu'il s'agisse de toute espèce d'annuité, on fait observer que le jurisconsulte exprime cette idée, que les annuités payées en vertu de la stipulation échappent à la répétition, quoique constituant une donation prohibée, parce qu'alors c'est une donation accomplie, c'est-à-dire rentrant dans les termes du sénatus-consulte. Du reste, un commencement de paiement suffirait pour rendre le reste exigible, à cause de la volonté manifeste d'exécuter.

102. 4° Dans la loi 2, C., *de Dote cautâ,* le jurisconsulte parle d'un mari qui veut faire une libéralité à sa femme et reconnaît avoir reçu une somme supérieure à celle qui a été apportée : si le mari meurt sans révoquer, l'augmentation de dot,

valable même pendant le mariage (1), pourra être réclamée par la femme contre les héritiers, à la condition toutefois que le mari, donateur, ne se sera pas contenté d'une simple *adscriptio* sur l'*instrumentum dotale* (2), qu'il aura rendu la donation parfaite par un acte obligatoire, tel qu'une stipulation. Pour ne pas voir dans ce texte le maintien d'une donation consistant dans une simple promesse, on dit que l'opération suppose une tradition, c'est-à-dire la remise de la somme d'argent par le mari à la femme, et la constitution immédiate de cette somme en augmentation de dot par la femme au mari ; en un mot, pour ramener ce texte à la théorie, on y voit une tradition de brève main.

103. Tels sont les arguments sur lesquels repose le système qui nie l'extension du sénatus-consulte aux donations par simple promesse. Il nous reste à mettre en présence l'opinion de M. de Savigny, qui nous paraît plus conforme à l'esprit et même au texte des diverses lois sur lesquelles s'engage le débat.

104. *Ce second système* invoque, comme nous l'avons déjà dit, la généralité des expressions employées par le jurisconsulte dans plusieurs lois qui semblent contenir, dans leur ensemble, la théorie

(1) L. 10, C., *de Don. ante nupt.*
(2) L. 1, C , *de Dote cautâ.*

de l'innovation apportée par Antonin Caracalla.
En effet, la loi 32, dans ses dispositions, est tellement formelle, à chaque instant Ulpien dit avec
tant de précision que le sénatus-consulte confirme
toutes les donations, que l'on ne comprend guère
l'opinion de Pothier et de Cujas, surtout si l'on
rapproche cette loi 32 de la loi 3, § 10. Il suffit, à
l'appui de cette interprétation, de renvoyer aux
§§ 1, 2, 23, qui tous répètent la même idée, au
§ 24, où, d'après Ulpien, le sénatus-consulte ne
peut aller jusqu'à valider les actes, tels que la société *donationis causâ*, qui sont nuls même entre
étrangers, et à la loi 33, où le jurisconsulte applique les règles qu'il a posées au cas particulier de la
promesse d'annuité. Exposition de la théorie, application à des espèces particulières, nous avons
tout dans ces deux lois 32 et 33. Enfin, nous pouvons citer la loi 2, C., *de Dote cautâ*, qui se rapporte évidemment à l'hypothèse d'une stipulation,
comme moyen le plus fréquent d'augmenter une
dot.

Examinons maintenant les réponses de l'opinion adverse à ces arguments, puis nous arrive-
rons à la loi 23.

105. La réponse à l'argument du § 1 de la loi 32
est trop subtile pour qu'il soit nécessaire de s'y
arrêter, d'autant plus que les principes du mandat
romain ne permettent guère d'admettre l'existence

d'une obligation civile entre le débiteur et le *pro-curator* : le sens le plus naturel est que, si un époux s'est constitué débiteur de son conjoint, *donationis causâ*, la conséquence sera une obligation valable à l'encontre des héritiers du donateur. Quant à la réfutation de la loi 33 pr., sans doute le jurisconsulte refuse à la femme ou au mari l'action *ex stipulatu* pendant le mariage, mais il l'accorde après sa dissolution, ce qui est parfaitement le cas d'une donation par promesse, et je ne vois pas comment on peut se baser, sans arbitraire, sur ce qu'un commencement d'exécution manifeste la volonté d'exécuter, et équivaut à cette exécution; d'un autre côté, cette faveur des aliments ne se comprendrait que si la loi 33 était isolée, et Ulpien, en réalité, ne fait qu'appliquer ici sa théorie.

106. Enfin, la constitution 2 *de Dote cautâ* ne doit pas s'expliquer par une tradition de brève main, opération qu'on peut voir partout : l'interprétation la plus simple est de supposer que le mari a substitué à la première *dotis stipulatio* une nouvelle stipulation pour une somme supérieure.

107. Reste la loi 23 qui, par le mot *rectè*, semble renverser notre théorie. Voët (1), pour concilier les lois 23 et 32, suppose deux sénatus-con-

(1) Voët, h. t., n° 2.

sulte : l'un rendu sous Septime-Sévère, et ne se rapportant qu'aux donations par tradition, c'est celui que Papinien a en vue; l'autre, extensif du premier, et datant d'Antonin Caracalla, c'est celui qu'énonce Ulpien dans la loi 32. Cette explication est inadmissible en présence de la loi 32 pr. et du § 294 *Fragm. Vat.* : il n'y a eu qu'un sénatus-consulte, rendu alors que Septime-Sévère s'était déjà associé son fils, et d'après l'*Oratio* d'Antonin Caracalla. D'autres interprètes, tels qu'Ant. Faber, pour arriver à une conciliation, emploient le moyen expéditif de supprimer résolument le mot *rectè*.

Enfin, on a voulu rattacher la décision de Papinien, dans la loi 23, à la loi Cincia, qui, tout en respectant les donations suivies de tradition, accordait au donateur une exception, pour lui permettre de se rétracter tant qu'il n'avait pas livré (*Fragm. Vatic.*, §§ 310 et 311). Une simple observation fait tomber cette interprétation : c'est que Papinien, d'accord en cela avec les Sabiniens, n'accordait pas aux héritiers du donateur le bénéfice de la loi Cincia (§ 294, *Ib.*), tandis que la nullité admise par ce jurisconsulte, dans la loi 23, pour les donations non suivies de tradition, pouvait être invoquée par le donateur et par ses héritiers (1).

108. L'explication la plus rationnelle de la dif-

----

(1) Voir M. Machelard, *Textes sur les donations entre époux,* p. 277.

ficulté dont nous venons d'exposer les diverses
solutions, est celle donnée par M. de Savigny, et
Noodt (24, 1, § 114). D'après ces auteurs, Papinien, suivait à la lettre les expressions « *heredem
vero eripere*, » qui supposent une dépossession,
et restreignait l'application du sénatus-consulte
au cas de tradition, tandis qu'Ulpien, partisan de
l'esprit plutôt que du texte de la loi, admettait une
innovation aussi large, aussi complète que possible. Le but du sénatus-consulte étant de corriger
la rigueur de l'ancien droit, d'assimiler les donations entre époux aux donations à cause de mort,
Ulpien embrassait dans la généralité de ses dispositions, les libéralités faites par tradition comme
celles consistant dans une simple promesse (1).
Aussi lorsque, dans la loi 23, il commente l'opinion
de Papinien, ou bien il exprime que cette opinion
est conforme à la stricte interprétation, « *recte
putabat*, » ou bien son approbation est limitée
à l'hypothèse d'une donation par tradition, et
par le mot *denique* il commence l'examen de
la seconde proposition relative aux donations par
promesse. Seulement Tribonien ne nous a laissé
que la première phrase de la dissertation sans remarquer la contradiction avec la loi 32 ; c'est là
un oubli des compilateurs, ou un hommage rendu
au prince des jurisconsultes, dont ils ne pouvaient

(1) L. 34 et 35, § 7, *de M. C. D.*

comprendre que les opinions fussent critiquées, comme le prouve la défaveur législative des notes de Paul et d'Ulpien sur les ouvrages de Papinien (1).

100. Ces deux opinions de Papinien et d'Ulpien ont coexisté dans la pratique jusqu'à Justinien qui, dans la novelle 162, tranche la question dans le sens de l'extension du sénatus-consulte aux donations par promesse.

§ 2. — *De la confirmation et de ses effets.*

110. Le sénatus-consulte ne devait être invoqué que dans le cas d'enrichissement (L. 39, § 9) : cependant il pouvait arriver que le donataire eût besoin d'opposer le bénéfice du sénatus-consulte, quoiqu'il y eût eu de sa part consommation sans enrichissement. Ainsi, au cas de donation mutuelle, supposons que le mari ait consommé la chose qu'il a reçue : rien ne s'oppose à ce qu'il réclame aux héritiers de sa femme prédécédée la donation par lui faite, et cela sans être tenu de la compensation admise par l'ancien droit (L. 7, §·2),

(1) M. de Savigny, p. 106. « Une constitution de Théodose et de Valentinien II, qui rappelle une décision de Constantin, porte : « ... Notas etiam Pauli atque Ulpiani, in Papiniani corpus « factas (sicut dudum statutum est) præcipimus infirmari » (C. Théod., L. 3, de Resp. prud.).

6

puisque le sénatus-consulte confirme, à son égard, les effets de la libéralité qu'il a reçue.

111. Possible pour la vente faite à vil prix, ou avec remise postérieure du prix convenu, la confirmation ne pouvait s'étendre, ni aux ventes contractées pour déguiser une libéralité, du moins tant qu'il n'y a pas eu tradition (n° 27), ni aux actes qui auraient été nuls même entre étrangers, tels que les sociétés formées *donationis causâ* ; les textes refusent, dans ce cas, l'action *pro socio* (1) : mais si certaines choses ont été mises en commun, s'il y a eu communauté, on donnera l'action *communi dividundo* pour faire opérer le partage.

112. L'effet de la confirmation est de rendre le donataire propriétaire et créancier; elle a lieu contre le fisc et en général contre tous les successeurs du donateur (L. 1, C.), mais elle ne s'applique qu'aux donations qui restent libres après le paiement des dettes (L. 15, C.). Par suite de leur assimilation aux donations à cause de mort, il faut soumettre les libéralités entre époux aux dispositions de la loi Falcidie (2) : le silence du donateur équivaut ici à la confirmation expresse par testament exigée dans la législation antérieure ; les donations se trouvent mises sur le même rang que des actes de dernière

____

(1) L. 8, § 2, *Pro socio.*; L. 32, §§ 24, 25, *h. t.*
(2) L. 32, § 1, *h. t.*; L. 5, C., *ad Leg. Falc.*; L. 42, § 1, *de M. C. D.*

volonté, et c'est l'héritier qui profite de la réduction. Mais s'il s'agit de libéralités ne tombant pas sous la prohibition, et, par suite, n'ayant pas besoin d'invoquer le sénatus-consulte, dans ce cas, l'acte échappe à la réduction, puisqu'il reste acte entre-vifs (1).

113. Cependant cette assimilation des donations entre époux aux donations à cause de mort n'est pas absolue : ainsi l'insinuation est exigée lorsque la libéralité dépasse 200 ou 500 solides, suivant que nous nous plaçons avant ou depuis Justinien ; si l'insinuation n'a pas eu lieu, il n'y aura nullité que jusqu'à concurrence de la somme excédant 200 ou 500 solides (2).

§ 3. — *Obstacles à la confirmation.*

114.—I. *Divorce.*— Le divorce ne pouvant laisser subsister l'*animus donandi*, s'opposait à la confirmation (L. 62, § 1) ; il y avait présomption de changement de volonté, et, pour éviter les questions de fait, on ne distinguait pas le divorce *bonâ gratiâ* du divorce *cum animi irâ et offensâ* (L. 32, § 10) ; pour que la donation fût maintenue, il fallait une intention formellement exprimée par le

---

(1) L. 12, C., *ad Leg.* Falc.; Voir M. Machelard, p. 282 et suiv.

(2) L. 52, C.; Nov. 162, cap. 1, § 2; L. 26, § 3; L. 34, C., *de Don.*

donateur ; du reste, rien n'empêchait les époux de revenir ensemble ; le retour à la vie commune faisait alors supposer une réconciliation qui rendait possible la confirmation par le prédécès du donateur (L. 32, § 11). Lorsqu'il s'agissait d'un patron ayant épousé son affranchie, cette circonstance que le divorce n'était pas permis sans le consentement du patron n'empêchait nullement l'application du droit commun aux libéralités qu'ils pourraient s'être faites (L. 62, § 1). De simples *froideurs* survenues entre les époux, la cessation de l'habitation commune, laissaient subsister les donations consenties (L. 32, §§ 12 et 13).

115. Avant Antonin le Pieux et Marc-Aurèle, les beaux-pères pouvaient dissoudre le mariage *bene concordans* de leurs enfants, comme le patron celui de son affranchi (1); depuis ces empereurs, l'envoi du *repudium* par le beau-père n'avait aucun effet sur le mariage lui-même, mais il entraînait révocation des donations faites par lui à son gendre ou à sa bru (L. 32, § 19), enfin si les deux beaux-pères s'étaient fait des donations mutuelles, le *repudium* avait encore pour conséquence l'infirmation (L. 32, § 20).

116. — II. *Mort du donataire.* — Pour que la donation soit confirmée, il faut nécessairement

(1) Paul, *sent.*, L. 5, t. 18.

qu'elle réside sur la tête du donataire, c'est-à-dire
que ce dernier survive à son donateur. Du reste,
il y a certains cas où une interprétation plus facile
maintient la libéralité, malgré le prédécès du donataire. Ainsi une femme fait une donation à son
beau-père, le beau-père prédécède : l'infirmation
n'a pas lieu contrairement au droit commun, si le
mari est seul héritier de son père, car dans ce cas,
du moment que la femme ne réclame pas, on suppose qu'elle a voulu donner à son mari (ce qui est
en rapport avec l'affection conjugale) ce qu'elle
avait donné à son beau-père, son silence équiva-
lant à un nouvel acte de libéralité ; que si le mari
n'est pas héritier, la donation tombe, attendu que
la présomption d'une libéralité faite à un étranger
est impossible ; enfin si le mari est héritier pour
partie, on maintient la donation jusqu'à concurrence de sa portion héréditaire.

117. La question de confirmation devient plus
délicate lorsqu'on suppose qu'il y a eu simultanéité dans les accidents qui ont enlevé les deux
époux, et qu'il est impossible de déterminer l'an-
tériorité d'un des deux décès ; cependant Ulpien
(L. 32, § 14) et Paul (1) se prononcent pour la
validité de la donation, en se basant sur ce que la
condition essentielle de l'infirmation des donations

(1) L. 8, de Reb. dub.

entre époux n'existe pas, puisque le prédécès du donataire ne peut pas être prouvé. Au cas de libéralités mutuelles, les deux actes seront confirmés.

118. La réduction en captivité, grâce aux théories spéciales du droit romain sur cette matière, ne pouvait entraîner des conséquences identiques à celles du décès : si le donataire, fait prisonnier, revient après la mort du donateur, le *jus postliminii* le faisant consic.érer comme n'ayant jamais été captif, il se trouve survivre en réalité au donateur ; tandis que s'il meurt chez l'ennemi, la fiction de la loi Cornelia le suppose décédé au jour où il est tombé en captivité, et la donation est infirmée (L. ult. C.).

Ulpien, dans la loi 32, § 14, étend au cas de captivité simultanée les principes admis dans le cas de décès : les deux époux meurent-ils tous deux prisonniers, il faut, en appliquant la fiction de la loi Cornelia, les considérer comme morts au moment de leur réduction en captivité, c'est-à-dire ensemble, ce qui amène la validité de la donation ; n'y a-t-il au contraire qu'un des conjoints qui revienne, c'est lui qui aura survécu. Du reste, le jurisconsulte n'admet cette opinion qu'après avoir examiné et rejeté deux solutions différentes, consistant soit à assimiler ce cas à celui de divorce,

_____

(1) L., *de Cap. et postl.*

puisqu'il y a eu dissolution du mariage du vivant des époux, soit à tenir compte de l'ordre des décès, en repoussant la fiction de la loi Cornelia.

119. — III. *Révocation.* — Les donations entre époux sont révocables *ad nutum*, tandis qu'elles ne le sont entre étrangers que pour causes déterminées. Le donateur peut revenir à son gré sur sa libéralité, et varier indéfiniment dans ses résolutions; on ne considère que sa dernière intention, *supremum judicium* (L. 32, § 3). La révocation peut être expresse ou tacite, mais le doute se résout en faveur du maintien (L. 22-32, § 4).

120. L'aliénation, à titre onéreux ou gratuit, opère révocation (L. 32, § 15), sauf présomption contraire : ainsi, dans le cas de legs de la chose donnée, il n'y aura pas révocation, s'il apparaît que le donateur a entendu maintenir sa libéralité; le légataire aurait alors droit à la valeur de la chose, car le legs peut se rattacher à une cause autre que la révocation d'une libéralité antérieure : *vel alia causa fuit legandi* (L. 32, § 15).

121. Quant au gage ou à l'hypothèque, avant Justinien on voyait dans l'obligation de la chose donnée un doit incompatible avec une donation (L. 12, C.). Ce système outrait l'intention du débiteur qui ne songe certainement pas à la vente possible du bien qu'il engage, aussi Ulpien dans la loi 32, § 5 décide-t-il qu'il faudra tenir compte

de la pensée du donateur : si, par exemple, la femme donataire a été laissée en possession, on pourra voir là une volonté persévérante de maintenir la libéralité : la femme pourra conserver la chose en désintéressant les créanciers, et même les forcer par l'exception de dol à lui céder leurs actions contre le donateur (L. 32, § 5), afin que, si le mari révoque, elle puisse demander le remboursement de ce qu'elle aurait payé. Justinien, par la novelle 162, décide que l'hypothèque des choses données n'équivaut pas à une révocation : c'est là une conséquence de l'assimilation des donations à cause de mort avec les legs (1).

122. — IV. *Causes diverses* s'opposant à la confirmation. En dehors de la révocation, certains événements, en rendant le donateur incapable de transmettre ses biens à cause de mort (2), empêchaient la confirmation en vertu du sénatus-consulte. Ainsi, lorsque le donateur mourait esclave d'un simple particulier, la fiction cornélienne n'étant plus là pour le protéger, la donation se trouvait anéantie (L. 32, § 6). L'infirmation avait encore lieu, soit que le donateur devînt esclave de la peine, soit qu'il échappât par le suicide à la condamnation, soit que sa mémoire fût flétrie (L. 32, § 7) ; il fallait, pour que la libéralité fût

(1) Inst. II, t. 7, § 1 ; t. 20, § 12.
(2) L. 2, C., *Qui testam.*

maintenue, que le condamné fût une personne privilégiée, par exemple un militaire ayant reçu l'autorisation de tester (L. 32, § 8).

123. Cette théorie d'Ulpien sur les conséquences de certaines peines est en opposition avec une constitution de Constantin, qui, parlant du cas d'esclavage de la peine et de déportation, valide la libéralité de même que s'il y avait eu mort naturelle du donateur. Comme cette loi ne vise pas le cas de suicide et de flétrissure de la mémoire, on a prétendu que Constantin avait entendu séparer ces deux hypothèses des deux premières ; mais il vaut mieux voir dans cette disposition une théorie plus bienveillante, sacrifiant les droits du fisc aux intérêts de l'époux donataire (1).

124. La donation était encore révocable par l'action Paulienne, lorsqu'elle était faite en fraude des droits des créanciers ; il faut même aller jusqu'à dire qu'à l'instar des donations *mortis causâ* et du legs, les libéralités entre époux, émanant d'un débiteur insolvable, étaient sans valeur à l'égard de ses créanciers (1).

Enfin l'empiétement sur la quarte Falcidie s'opposait à la confirmation, au moins pour l'excédant.

(1) M. Machelard, p. 204.
(1) L. 17, *de M. O. D.*

DROIT GERMANIQUE.

PREMIER DROIT COUTUMIER.

125. Entre le droit romain et notre droit coutumier se présente, comme période de transition, le
droit germanique suivi du premier droit coutumier
français. Notre intention étant de limiter notre sujet aux donations entre époux consenties pendant
le mariage, nous ne nous occuperons pas des donations à cause de noces dont on trouve des traces
chez les peuples d'origine germanique ; nous ne
rechercherons pas s'il faut voir le principe du
douaire coutumier, dans la dot, appelée *meta* en
Lombardie, que le mari était dans l'usage de donner à sa femme, et qui n'était autre que le prix du
mundium payé à l'épouse au lieu de l'être à ses
parents (1), ou dans le mélange des deux coutumes
de la dot et du *morgengabe* (don du matin) (2).
Nous n'avons qu'à nous occuper des vestiges que
l'on peut rencontrer de donations faites *constante*
matrimonio.

126. — I. *Droit germanique.* — Les coutumes romaines défendaient toute donation autre

(1) Laboulaye, *Recherches sur la condit. des fem*, p. 117.
(2) Genouilhac, *Hist. du rég. dot.*, p. 209.

que celle *propter nuptias*, et la loi lombarde de Luitprand ne permettait que la *meta* et le *morgengabe*. Mais, à côté, nous avons la loi des Wisigoths, la loi des Ripuaires et la loi Salique : la première admettait implicitement les donations entre époux, puisqu'elle les prohibait pendant la première année du mariage, et la loi ripuaire (t. 48) les autorisait formellement ; quant à la loi salique, M. Pardessus conclut de certaines formules qu'elle permettait également l'usage des dons entre conjoints par actes irrévocables. Seulement les époux ne pouvaient s'avantager qu'autant qu'ils n'avaient pas d'enfants ; et le droit acquis au donataire était plus qu'un droit d'usufruit, mais moins qu'un droit de propriété, puisque, à sa mort, les biens revenaient aux héritiers du donateur (1).

127. Ces mêmes règles étaient applicables à un genre de libéralité tout spécial, que les lois barbares entouraient d'une faveur particulière : je veux parler de l'*affatomie*, qui est devenu le don mutuel de notre droit coutumier ; la loi des Ripuaires porte :

« Si quis procreationem filiorum vel filiarum
« non habuerit, omnem facultatem suam in præ-
« sentiâ regis, sive vir mulieri, seu cuicumque
« libet de proximis vel extraneis adoptare in hœ-

---

(1) Pardessus, *Textes de la loi Salique*, p. 678.

« reditatem vel adfatimi per scripturarum seriem
« seu per traditionem et testibus adhibitis licen-
« tiam habeat. » T. 48.

« Quod si adfatimus fuerit inter virum et mulie-
« rem post discessum amborum ad legitimos hæ-
« redes revertatur ; nisi tantum qui parem suum
« supervixerit in eleemosyna vel in suâ necessitate
« expenderit. » T. 49.

128. — II: *Premier droit coutumier.* — Si,
des lois barbares, nous remontons à notre premier
droit coutumier, nous trouvons une restriction apportée à la faculté de donner, du moins en ce qui
concerne la femme. Ainsi, les établissements de
Saint Louis (1270) décident que la femme ne peut
donner à son conjoint, si ce n'est par don mutuel
ou par testament, et à la condition qu'il n'y aura
pas d'enfants mâles :

« Dame ne puet rien donner à son saingnieur
« en aumosne, tant comme elle soit seinne , que li
« dons feust pas estables : car par aventure ele ne
« l'auroit pas fet en sa bone volenté, ains li auroit
« donné pour ce que il ne li en fist pis, ou par la
« grand amor que elle auroit à luy, et pour ce ne
« li puet-elle riens donner de son mariage. Més
« avant que elle l'eust pris, elle li porroit bien don-
« ner le tiers de son héritage, ou à sa mort, quand
« elle seroit malade , pour qu'il n'i eust hoirs
« masle. » Ch. 114.

Les Assises de Jérusalem (ch. 153) contiennent les mêmes dispositions.

129. Cette règle s'explique par la crainte d'un abus de confiance du mari, et nous la retrouvons dans une coutume allemande de la même époque, le Miroir de Souabe, qui, voulant assurer la conservation des propres, décide dans son art. 31, § 2 :

« Dès qu'un homme se marie, il prend, comme
« légitime tuteur, tous les biens de la femme en
« saisine ; c'est pourquoi la femme ne peut faire à
« son époux aucune donation mobilière ou immo-
« bilière au préjudice de ses héritiers légitimes.
« La raison est que le mari ne peut avoir sur les
« biens de sa femme d'autre saisine que celle qu'il
« a commencé de prendre en sa qualité de tu-
« teur » (1).

130. En ce qui touche le don mutuel spécia-lement, il est permis entre époux, sous la seule condition de non survivance d'enfans : « Secundum
« consuetudinem Parisiensem quod uxori vivæ
« nihil legare possum, vel in morte donare, possu-
« mus tamen invicem facere donationem *mutuam*
« omnium bonorum; quæ quidem donatio valet et
« tenet non exstantibus liberis, alias non.» *Grant
coustumier*, fol. 60.

_____

(1) Laboulaye. *Op cit.*, p 581.

Nous nous rapprochons du droit coutumier proprement dit : le don mutuel apparaît comme la
seule libéralité possible ; et Bouteiller, qui lui donne
le nom de *revestissement*, dit : « Mais par autre rai-
« son se peuvent faire dons et amendements entre
« dessus dicts mary et femme que laiement on ap-
« pelle revestissements, et aussi est ainsi appelé
« parceque autant en amende l'un que l'autre. »

(2) Bouteiller, I, tit. 99.

DEUXIEME PARTIE

DROIT COUTUMIER.

131. Les libéralités entre époux, pendant le mariage, étaient loin d'être soumises, dans l'ancien droit, à une législation uniforme. — Non-seulement les règles suivies dans les pays de droit écrit différaient profondément de celles admises dans le plus grand nombre des coutumes, mais ces dernières elles-mêmes se modifiaient, et variaient à l'infini d'une coutume à l'autre.

Nous sommes dès lors naturellement conduit à diviser notre travail en deux chapitres : le Ier, qui traitera des libéralités entre époux pendant le mariage, dans les pays de droit écrit; le IIe, qui traitera de ces mêmes libéralités dans les pays de coutume.—Nous réserverons pour un IIIe et un IVe chapitre la matière du don mutuel; et pour un V^e la théorie de l'Édit des secondes noces.

CHAPITRE Iᵉʳ.

DES LIBÉRALITÉS ENTRE ÉPOUX PENDANT LE MARIAGE,
DANS LES PAYS DE DROIT ÉCRIT.

—

132. — 1ᵉ *Période*, antérieure à l'ordonnance de février 1731. C'est la jurisprudence romaine, dans son dernier état, qui régit les donations entre époux. Nous renvoyons donc aux développements donnés plus haut.

133. — 2ᵉ *Période*, de l'ordonnance de 1731, à celle d'août 1735. L'ordonnance de 1731, article 3 porte : « Qu'il n'y ait plus dans nos États « que deux formes de disposer de ses biens à titre « gratuit, dont l'une sera celle des donations « entre-vifs, l'autre celle des testaments ou des « codicilles. »

Et, art. 4 : « Toute donation entre-vifs, qui ne « serait valable en cette qualité, ne pourra valoir « comme donation ou disposition à cause de mort « ou testamentaire, de quelque formalité qu'elle « soit revêtue. »

134. Cette ordonnance abrogea-t-elle, dans les pays de droit écrit, les principes du droit romain précédemment en vigueur, qui validaient en

tant que donation à cause de mort, une donation
entre-vifs entre conjoints, non révoquée par le donateur à sa m rt? Non. Pourtant Pothier (1) entend
qu'il faut à cet égard distinguer les pays de droit
écrit du ressort du parlement de Paris, et ceux du
ressort des autres parlements; suivant lui, depuis
l'ordonnance de 1731 (art. 4), le parlement de
Paris n'autorise plus les donations entre-vifs, et
cependant révocables, entre mari et femme,
et il cite à l'appui de cette opinion un arrêt
d'août 1771.

135. C'est là une erreur que relève l'annotateur
de Ricard; il fait remarquer que l'arrêt cité ne
tranche pas la question; qu'en effet cet arrêt n'a pas
jugé qu'une donation entre-vifs, revêtue des
formes exigées, était nulle comme faite par un
mari à sa femme, en pays de droit écrit, mais a
jugé qu'un écrit déguisant une donation sous l'apparence d'une reconnaissance de dot, était nul en
vertu de l'art. 3 de l'ordonnance de 1731, qui
ne permet pas cette forme d · donation. Il fait d'ailleurs encore observer, que l'art. 4 de cette ordonnance déclare, il est vrai, qu'une donation
entre-vifs, non valable en cette qualité, ne peut
pas valoir comme testament ou comme libéralité à
cause de mort; mais que l'art. 46 a fait une ex-

(1) Traité des donations entre mari et femme, n° 6.

7

ception, et déclare ne rien vouloir innover, en ce qui concerne les dons mutuels, et autres donations faites entre mari et femme autrement que par contrat de mariage. D'où il conclut, avec raison, que dans les pays de droit écrit, la donation entre-vifs reste autorisée entre conjoints, sauf la révocation, et que l'ordonnance de 1731 n'a rien changé aux principes du droit romain.

136. De telle sorte, qu'en résumé, dans la première comme dans la deuxième période, les conjoints pouvaient en pays de droit écrit se faire des libéralités :

1° Par testament, par codicille ;

2° Par donation à cause de mort ;

3° Par donation entre-vifs, valant comme donation à cause de mort, si elle n'était pas révoquée.

Nous devons ajouter que ces libéralités, faites d'après les modes ci-dessus, pouvaient être aussi bien simples que mutuelles; les dispositions mutuelles n'ayant rien de contraire, en général, aux principes de la jurisprudence romaine, ainsi que l'établit Ricard (1).

137. Du reste, pour les libéralités faites par actes entre-vifs, entre deux conjoints, les auteurs, d'accord pour en reconnaître la validité et la révo-

_____

(1) *Don mutuel*, n ° 85 et suiv.

cabilité, en général, se partageaient sur le point de savoir si elles étaient révocables quand elles se trouvaient être mutuelles et parfaitement égales : Furgole, sur l'article 46 de l'ordonnance de 1731, se prononce avec raison pour la révocabilité, parce que la loi qui déclare révocables les libéralités qu'exercent l'un envers l'autre le mari et la femme est générale, et que l'exception pour les donations mutuelles égales n'est prononcée nulle part.

138. — *3ᵉ Période*. — Enfin arrive l'ordonnance d'août 1735, qui n'apporte d'autres changements à la législation existante en pays de droit écrit, dans les deux premières périodes, que de défendre, par son art. 77, les libéralités entre mari et femme, lorsqu'elles sont consenties par testaments ou codicilles, mutuels, ou faits conjointement.

CHAPITRE II.

DES LIBÉRALITÉS ENTRE ÉPOUX, PENDANT LE MARIAGE, DANS LES PAYS DE COUTUME.

139. Des pays coutumiers, les uns admettaient les principes du droit romain ; les autres, et c'étaient les plus nombreux, les repoussaient. Ne

pouvant pas examiner chaque coutume en particulier, nous nous occuperons spécialement de celle de Paris, dont les principes fondamentaux, en cette matière, étaient ceux de la grande majorité des autres coutumes, entre autres de celles d'Orléans ; nous réservant d'ailleurs de signaler, à l'occasion, en quoi celles-ci différaient ou se rapprochaient de la coutume de Paris.

Section 1re. — *Généralités.*

140. — I. *Division des coutumes.* On peut les diviser en quatre classes, qui, depuis l'ordonnance de 1731, se sont réduites à trois :

141. — *1re Classe.* — Elle comprend lés coutumes dans lesquelles sont défendus tous avantages directs et indirects entre mari et femme pendant le mariage : ceux faits par donations testamentaires aussi bien que ceux faits par actes entre vifs.

La plupart d'entre elles permettent pourtant aux conjoints de se faire pendant le mariage un don mutuel ; du reste, elles ne s'accordent pas sur les conditions nécessaires à sa validité. — Dans cette première classe, la plus nombreuse de toutes, sont comprises les coutumes de Paris et d'Orléans.

142. — *2me Classe.* — Comme dans la 1re, les donations entre vifs pendant le mariage entre mari

et femme, sauf au cas de don mutuel, sont défendues. Mais les donations testamentaires sont
permises; quant à l'étendue de ces donations testamentaires, et à la possibilité de les faire, toutes
les coutumes de la deuxième classe sont loin d'être
uniformes; et on peut citer parmi elles (1) :

1°. Celles qui ne distinguent pas s'il y a ou
s'il n'y a pas d'enfants : les unes permettent ces
sortes de donations sans restriction (ainsi : Chartres,
Châteauneuf, Péronne, etc...); les autres permettent de donner de la sorte à son conjoint tout ce
qu'on pourrait donner à un étranger (ainsi : Péronne,
Ponthieu, Châteauneuf, Dreux, Chartres); d'autres
enfin permettent ces donations testamentaires, mais
sous certaines restrictions, par exemple, sous la
restriction de ne disposer qu'en usufruit seulement
de la moitié du naissant et acquêts faits auparavant
le mariage (ainsi Reims).

2°. Celles qui distinguent s'il y a ou non des
enfants; dans le premier cas, elles défendent les
donations testamentaires absolument (Mantes *par
ex.*), ou ne les permettent que quant à l'usufruit
(Amiens). Dans le second cas, elles permettent de
donner à son conjoint par testament tout ce qu'on
pourrait donner à un étranger.

143. — 3° *Classe.* — Les coutumes de cette classe

(1) Pothier, n°˙ 9 et suiv.

admettent les donations testamentaires, et même
les donations entre-vifs non révoquées par le conjoint avant sa mort; les unes, s'il n'y a pas d'enfants, comme celle de Touraine; les autres, encore
qu'il y ait des enfants, comme celle de Poitou. —
D'après Pothier (1), qui admet que l'ordonnance
de 1731, au moins dans le ressort du Parlement
de Paris, a défendu l'usage de donations entre-vifs,
révocables jusqu'à la mort, cette troisième classe
de coutumes s'est confondue avec la deuxième.

144. — 4° *Classe*. — La quatrième classe renferme celles qui permettent de faire à son conjoint,
donation entre-vifs, soit de la propriété de certains
biens, soit de l'usufruit de certains autres.

De ces coutumes, les unes admettent ces donations entre-vifs au cas seulement où il n'y a pas
d'enfants (Angoumois, Montfort); les autres
(Noyon) les permettent en tout cas, sauf qu'elles
les restreignent, s'il y a des enfants, plus que s'il
n'y en pas. D'autres (Saint-Jean-d'Angely), les
permettent également aux deux conjoints, ou les
permettent à l'homme, mais les défendent à la
femme, comme celle d'Auvergne.

145. — II. *Nature et détermination de la loi
qui doit régir les libéralités faites entre conjoints.*
— Nous venons de voir que, d'une coutume à l'au-

(1) N° 43.

tre, la loi changeait, que ce que l'une permettait,
une autre le défendait. Cette loi était donc une
loi de territoire, une loi municipale, et comme
elle réglait la disposition des biens, on lui donnait le nom de statut réel.

Le caractère du statut réel étant d'exercer son
empire sur les biens qui y sont soumis, quelles
que soient les personnes à qui ils appartiennent,
et en quelque lieu qu'elles aient leur domicile,
il s'ensuit que, pour savoir si tel conjoint peut
donner à son conjoint tel bien, il suffit de voir si
la loi qui régit ce bien le permet.

146. Mais encore faut-il, pour cela, pouvoir, au
milieu des lois si diverses propres aux différentes
coutumes, déterminer celle qui doit être observée
dans un cas donné; pour y arriver, il est nécessaire, en premier lieu, de faire une distinction
résultant de la nature des biens. Ainsi, ou les
biens ont une situation : soit naturelle, comme un
héritage, soit fictive comme un droit réel dans un
héritage, une rente sur le roi, un office, lesquels
sont censés être situés là où est l'héritage, le bu-
reau de paiement des arrérages, le principal siége
de l'exercice : ces biens sont régis par la loi du
lieu où ils sont situés; ou les biens sont censés
n'avoir aucune situation, tels sont : les rentes
constituées (sauf celles du Roi), quand même elles
seraient assignées spécialement sur un héritage,

les biens meubles soit corporels soit incorporels ;
ces biens suivent partout la personne à laquelle
ils appartiennent, et la loi qui les régit est celle du
domicile de cette personne.

Nous savons ainsi reconnaître le domicile de
tel ou tel bien en particulier ; par suite, nous savons
si les conjoints pouvaient ou ne pouvaient pas s'en
gratifier, puisque c'est la loi de ce domicile, désor-
mais connu, qui seule leur permet ou leur défend
cette libéralité.

147. Mais cela ne suffit pas encore : la loi
spéciale qui doit régir les libéralités des conjoints
dépend encore des modes suivant lesquels elles
sont faites, et de l'époque, variable avec chaque
mode, où la libéralité est parfaite ; pour être en état
de la déterminer, il nous faut donc, en second lieu,
faire une distinction résultant du mode employé
par les conjoints pour leurs libéralités. Ainsi, la
donation entre-vifs étant parfaite dès son acceptation, c'est la loi du domicile qu'avait le bien
donné, au moment de cette acceptation, qu'il faut
suivre : la donation mutuelle entre conjoints, faite
par contrat de mariage, est réglée par la coutume
du lieu où était le domicile du bien, non à l'époque de la passation de ce contrat, mais à l'époque
de la célébration du mariage : la donation mutuelle que se font les conjoints, pendant le mariage,
est réglée par la coutume du lieu ou était le domi-

cile du bien donné, à l'époque où les conjoints se
sont fait cette donation : cela tient à ce que ce
don mutuel a acquis sa perfection au moment où
il a été fait. La donation testamentaire, au contraire, est régie par la loi du domicile qu'a le bien
donné, non pas à l'époque de cette donation, mais
à l'époque de la mort du donateur (1).

148. — III. *Des dérogations à la coutume.* —
Est nulle la clause d'un contrat de mariage qui permettrait aux conjoints de se faire des donations
défendues par les coutumes, sous l'empire desquelles ils pourront se trouver pendant leur vie.
Pourtant la coutume de Bourgogne fait exception
à cette règle, et elle a pris soin, dans son chapitre IV, article 7, de prévoir expressément et de
déclarer valable une semblable clause.

140. Quant à la clause d'un contrat de mariage
qui interdit aux conjoints de se faire aucune donation, encore que les coutumes leur en permettent
certaines, nulle selon les uns, elle est valable selon
les autres. Pothier, tout en penchant vers la première opinion, ne se prononce pourtant pas bien
nettement.

Est valable la clause du contrat de mariage par
laquelle un donateur défend à l'un des époux de
donner à son conjoint aucun des biens compris
dans la donation.

(1) Pothier, n° 18 et suiv.

SECTION II.

Des avantages directs et indirects défendus par la coutume de Paris et autres, entre conjoints par mariage.

150. L'art. 282, coutume de Paris, est ainsi conçu :

« Hommes et femmes conjoints par mariage, « constant icelui, ne se peuvent avantager l'un « l'autre par donation entrevifs, par testament ou « ordonnance de dernière volonté, ne autrement, « directement ne indirectement, sinon par don « mutuel, et tel que dessus. » Le don mutuel est réglé par les art. 280 et 281, qui feront l'objet du chapitre 3; nous ne nous occupons ici que des avantages directs et indirects.

§ 1. — *Des avantages directs.*

151. Nous n'examinerons pas en détail quels avantages directs étaient permis ou défendus; nous nous bornerons à poser le principe qui était d'admettre comme valables ceux-là seuls qui étaient de peu d'importance, ou qui n'enrichissaient pas le donataire.

Cette prohibition de la coutume était établie en faveur des héritiers; il semble, dès lors, que ceux-ci eussent pu renoncer à son bénéfice : mais cette renonciation aurait pu leur être extorquée par la crainte que, s'ils la refusaient, le donateur ne s'en vengeât en les privant de sa succession. Aussi, doit-on décider que, malgré le consentement donné à une donation pendant le mariage, par les héritiers présomptifs du donateur intervenus dans l'acte, cette donation, défendue par la coutume, ne devient pas valable (1).

Une seule coutume, celle de Bourgogne, tout en déclarant, en général, que les conjoints ne peuvent se faire aucune donation ou traité, ajoute (Chapitre IV, art. 7) : « Si ce n'est du consentement « des plus prochains parents vivants, qui devraient « succéder au mari ou à la femme qui feraient les-• dits traités. »

§ 11.— *Des avantages indirects, ou par personnes interposées* (2).

152. Les conjoints ne pouvant pas s'avantager directement, cherchent à atteindre le même but indirectement, par divers moyens que nous allons examiner :

153. — I. Le plus simple de tous, c'est de faire un contrat avec son conjoint comme si c'était un étranger, et de lui faire un grand avantage par les

(1) Arrêt de 1513.
(2) Pothier, nos 78 et 3.

conditions mêmes du contrat. En droit romain, les conjoints avaient la liberté de faire entre eux tous contrats, à la condition qu'ils ne renfermeraient aucun avantage pour l'un aux dépens de l'autre, et que l'égalité y fût observée. Quant à ceux qui renfermaient quelque avantage au profit d'un des conjoints, ils n'étaient pas, par là même, tous nuls; on distinguait: les contrats simulés, c'est-à-dire ceux faits dans le but unique de couvrir et déguiser une donation, étaient nuls; quant aux contrats qui, sans être simulés, renfermaient un avantage, ils étaient valables, seulement on réformait l'avantage prohibé en obligeant celui qui en profitait à suppléer un prix égal à ce dont il eût été enrichi.

154. Notre droit français admettait très difficilement comme valables des contrats faits entre conjoints, dans la crainte qu'ils ne servissent à éluder la prohibition de se faire des donations.

Quelques coutumes même l'ont dit expressément; ainsi celle de Normandie, chap. 15, art. 410 : « Gens mariés ne peuvent céder, donner ou trans» porter l'un à l'autre quelque chose que ce soit, » ni faire contrats ou confessions par lesquels les » biens de l'un viennent à l'autre en tout ou en » partie. » — De même celle de Nivernais, chap. 23, art. 27 ; celle de Bourbonnais, chap. 10, art. 226. Les coutumes qui ne s'en sont pas expliquées suivent généralement la même doctrine;

aussi Dumoulin, sur l'art. 256, de l'ancienne coutume de Paris N° 15, pose-t-il la maxime que les
conjoints : « *Nullum contractum etiam reciprocum*
» *facere possunt, nisi ex necessitate.* »

155. Les conjoints peuvent éluder la loi par des
faits variables ¼ l'infini ; c'est au magistrat à y
mettre obstacle.

156. — II. Ils le peuvent encore au moyen de
personnes interposées : une personne était dite interposée, soit à raison d'une certaine convention
entre elle et.le donateur, soit simplement à raison
de son degré de parenté avec le donateur. Examinons ces deux hypothèses.

157. — 1ᵉ *hypothèse.* — Un époux donne et
lègue quelque chose à un tiers, sous une convention secrète qu'il le rendra à l'autre conjoint. Un
pareil don ou legs était déclaré nul : 1° quand les
héritiers du donateur pouvaient faire la preuve lit-
térale ou testimoniale de la convention secrète
passée entre le donateur et le tiers ; 2° quand, à
défaut de preuves, ce tiers, sur le serment que les
héritiers pouvaient lui déférer, ne déclarait pas
n'être pas personne interposée.

Pothier (1) va plus loin encore. Il rappelle que,
souvent, pour éluder la loi qui défend de rien lé-
guer à sa femme, un mari lègue une chose à un

---

(1) N° 99.

ami de sa femme dans l'espoir que, bien qu'il ne lui en ait rien dit, ce légataire comprendra l'intention tacite du donateur qui est que cette chose soit retransmise à sa femme. Il soutient que, dans ce cas, les héritiers du donateur doivent être reçus à demander que le légataire jure précisément que c'est pour lui qu'il demande le saisissement du legs et non dans la vue de le faire passer à la veuve. Ainsi, d'après lui, la convention, fût-elle tacite, ferait du tiers une personnne interposée, et rendrait nulle la donation.

158. — 2° *hypothèse*. — Certaines personnes étaient réputées interposées à raison de leur degré de parenté avec le conjoint donateur, lequel, par suite, ne pouvait leur faire valablement aucune donation autre que celle qu'il lui était permis de faire à son conjoint.

159. 1° Une personne dont un conjoint est l'héritier présomptif, doit-elle être réputée personne interposée ?

Quelques coutumes répondent affirmativement. Ainsi la coutume de Bourbonnais dans son article 26 : « Le mari, durant le mariage, ne peut « faire aucune association, donation ni autre con- « trat, au profit de sa femme, enfants de sa dite « femme, d'autre lit, ni autres, auxquels elle doit « succéder *immediatè*; *nec è contra* la femme au « mari, à ses enfants, ou autres, ès-quels le

« mari doive succéder. » De même celle d'Auvergne, chap. 14, art. 28. Ainsi, sauf les coutumes
qui disent expressément le contraire, la donation
faite par un conjoint à un frère, sœur ou parent
collatéral de l'autre conjoint, était valable, ceux-
ci n'étant pas réputés interposés.

160. 2° Les donations ou legs faits par un des
conjoints, au père, à la mère ou à quelque autre
ascendant de l'autre conjoint, étaient-ils valables?

Il y avait plus d'incertitudes (1); pourtant, on
inclinait à regarder ces ascendants comme personnes interposées. On se fondait en cela sur l'Édit
des secondes noces; en effet cet édit, qui défend
aux femmes de donner à leurs seconds maris au-
delà d'une part d'enfants, comprend expressément
dans cette défense les donations faites aux pères et
mères de leurs seconds maris, réputés, par cela
même, personnes interposées.

Remarquons que ces ascendants sont seulement
présumés être interposés; un fait pouvait détruire
cette présomption : ainsi, si un conjoint fait à un
ascendant de son conjoint une donation, par laquelle ce donataire est chargé de substituer, après
sa mort, au profit de quelque étranger, cette donation sera valable; car la seule cause de nullité,

(1) Pothier, n° 110.

c'est-à-dire la présomption qu'il était une personne interposée destinée à faire profiter l'autre conjoint de cette donation, s'évanouit.

161. 3° Que dire des donations faites aux enfants, qu'un des conjoints a d'un précédent mariage?

La coutume de Paris, art. 283, dit : « Ne peu-« vent lesdits conjoints donner aux enfants l'un de « l'autre d'un précédent mariage, en cas qu'ils, « ou l'un d'eux aient enfants. » — Cet article était diversement interprété.

162. Suivant Pothier (1), il signifie que celui des conjoints qui n'a pas d'enfants peut donner aux enfants de l'autre. Cette interprétation est confirmée par un arrêt de 1583, et surtout un du 4 juillet 1587, lu et publié au Châtelet, et dans lequel il est dit que la Cour trouvait à propos d'a-jouter à cet art. 283, ces termes : « Les con-« joints ne pourront donner aux enfants l'un de « l'autre, au cas qu'ils aient enfants de leur ma-« riage, ou que le donnant en ait d'autre précé-« dent mariage ; et, où le donnant n'aurait aucuns « enfants, vaudra la donation faite aux enfants de « l'autre des conjoints. »

163. Au contraire, suivant Ferrière (2), cet ar-ticle signifie, « que les conjoints ne peuvent don-

(1) N° 112.
(2) *Commentaire, Coutume de Paris*, art. 283.

« ner aux enfants l'un de l'autre, au cas qu'ils
« aient l'un et l'autre des enfants d'un premier
« lit, ou que l'un d'eux, qui n'en a pas, donne aux
« enfants de l'autre. »

164. Certaines coutumes, entre autres celle
d'Orléans, se sont bornées à défendre les donations entre conjoints, sans rien dire de celles faites
par un conjoint aux enfants de l'autre issus
d'un précédent mariage, ce qui crée une difficulté
sur le point de savoir si les donations faites à ces
enfants seront valables. En effet, les faits qui ont
donné lieu à une donation de ce genre, pourraient,
comme dans le cas où cette donation serait à titre
rémunératoire, prouver qu'elle est faite réellement
en vue de l'enfant, et faire disparaître la présomption que cet enfant est une personne interposée ; et,
puisque cette présomption, seul motif qui pouvait
dans ces coutumes rendre la donation nulle, vient
à disparaître, on devrait déclarer qu'elle est valable.

165. Mais l'inconvénient de ce système serait
de faire entrer les juges dans l'examen des faits
qui ont amené la donation, d'exciter à des procès
les parties intéressées qui auraient toujours l'espoir de faire envisager les faits aux juges sous le
jour le plus favorable à leurs prétentions, et d'obtenir ainsi gain de cause. Aussi, dans ce silence
des coutumes, il vaut mieux regarder ces enfants

8

comme personnes interposées, et, par suite, les donations à eux faites comme nulles; et cela, que le conjoint donateur ait ou non des enfants.

C'est l'opinion de Ferrière, et c'est aussi celle de Pothier(1), qui cite à l'appui les arrêts rendus le 15 février 1729.

Le 1ᵉʳ mars 1734 dans la coutume de Châlons.

27 juill. 1736	—	Blois.
25 juin 1737	—	Vitry.
7 mai 1742	—	d'Artois.
29 avril 1768	—	Melun.

Ainsi Pothier reconnaît, comme Ferrière, que, dans les coutumes qui défendent de s'avantager indirectement entre conjoints, la règle certaine et générale est que les donations faites par le conjoint, qui n'a pas d'enfants, en faveur des enfants de l'autre, sont nulles et regardées comme un avantage indirect ; la coutume de Paris ne fait exception à cette règle, aux yeux de Pothier, que par suite de l'interprétation qu'il croit devoir être donnée à son art. 283. Du reste, un conjoint, ayant ou non des enfants, peut toujours donner aux enfants de son conjoint décédé, puisqu'il n'y a plus d'interposition possible.

166. Enfin d'autres coutumes sont plus précises ; elles défendent expressément aux conjoints,

_____

(1) Pothier, no 114.

qu'ils aient des enfants ou non, de se faire aucune donation l'un à l'autre ni aux enfants que l'autre conjoint a d'un précédent mariage.

167. 4° Ce que nous venons de dire pour les donations simples au 3° s'applique aux donations mutuelles : ainsi, quand une coutume défend de donner, non-seulement à son conjoint, mais encore aux enfants d'icelui d'un précédent mariage, la donation mutuelle doit être prohibée avec eux comme la donation simple ; sauf, bien entendu, dans les cas exceptionnels, où la donation mutuelle serait permise entre conjoints par cette coutume, comme le fait la coutume de Paris dans ses art. 280 et 281.

168. 5° Enfin, s'il y a des enfants communs issus du mariage, on tient, dit, Ferrière (1), « que celui « qui n'en a point d'un précédent mariage, ne peut « pas donner aux enfants de l'autre issus d'un pre- « mier lit, parce que ceux-ci peuvent encore être « regardés comme personnes interposées, et que la « prohibition de donner à son conjoint est faite « en faveur des enfants du donateur ; et partant il « n'importe si ces enfants sont communs, issus des « deux conjoints, ou d'un précédent mariage. »

(1) *Coutume de Paris*, art. 283.

CHAPITRE III.

DU DON MUTUEL PERMIS PAR L'ARTICLE 280 DE LA
COUTUME DE PARIS.

—

169. Ainsi que nous l'avons vu, parmi les coutumes, les unes permettent le don mutuel qu'il y
ait ou non des enfants ; les autres ne le permettent
en aucun cas ; d'autres enfin le permettent seulement quand le mari ou la femme n'ont ni l'un ni
l'autre aucun enfant lors de la mort du prédécédé.

Différentes déjà suivant qu'il y a ou non des enfants, les coutumes varient encore entre elles, en
ce que les unes permettent le don mutuel de certains biens, les autres celui d'autres biens, ou en
ce qu'elles admettent le don mutuel soit de la propriété, soit de l'usufruit de n'importe quels biens,
soit de la propriété de telle espèce de biens, soit de
l'usufruit de telle autre. Enfin elles diffèrent
par les conditions que doit remplir le don mutuel
pour être valable, ou par les cas qui en font perdre
le bénéfice au survivant.

170. De toutes ces coutumes nous nous bornerons à étudier celles qui permettent le don mutuel,
quand il n'y a aucun enfant lors de la mort du pré-

décédé ; parmi elles, se trouve la coutume de Paris
dont l'art. 280 est ainsi conçu :

« Homme et femme conjoints par mariage, étant
« en santé, peuvent et leur loist faire donation mu-
« tuelle l'un à l'autre également de tous leurs biens,
« meubles et conquêts immeubles, faits durant et
« constant leur mariage, et qui sont trouvés à eux
« appartenir, et être communs entre eux à l'heure
« du trépas du premier mourant desdits conjoints,
« pour en jouir par le survivant d'iceux conjoints
« sa vie durant seulement, en baillant par lui cau-
« tion suffisante de restituer lesdits biens après son
« trépas, pourvu qu'il n'y ait enfants, soit des deux
« conjoins, ou de l'un d'eux, lors du décès du pre-
« mier mourant. »

§ 1er. — De la nature du don mutuel.

171. Ricard disait du don mutuel entre deux
personnes quelconques (et il faut entendre ici par
don mutuel, le don mutuel égal), que c'était un
contrat à titre onéreux, une espèce d'échange fait
avec le hasard de la survie, un moyen d'acquérir
de part et d'autre, recevant les lois de ces sortes de
contrats, et n'étant assujetti, en aucune façon, à
celles qui régissent les donations, de telle sorte
qu'il peut avoir lieu entre personnes incapables de
se faire des libéralités, et qu'il n'est soumis ni à
l'insinuation, ni aux autres solennités particu-

lières aux donations (1). Du reste, Ricard assimi-
lait presque complétement le don mutuel entre
époux, de biens présents ou de biens à venir,
à la donation mutuelle entre deux étrangers (2).

172. Pothier, au contraire, définit le don mutuel dont nous traitons : « un don entre-vifs, égal
« et réciproque que deux conjoints par mariage se
« font réciproquement l'un à l'autre, et en cas de
« survie, de l'usufruit des biens de leur com-
« munauté, aux charges portées par les coutu-
« mes » (3).

Pothier avec beaucoup de raison s'attache, pour
déterminer la nature de l'acte, à l'intention qu'ont
eue les parties en contractant; et ici le mobile de
deux époux qui se sont fait un don mutuel est
évidemment une réciprocité d'affection, un esprit
de bienfaisance, et nullement la chance de gain ou
de perte d'un contrat aléatoire.

173. D'ailleurs, la théorie de Pothier est conforme en tous points à l'ordonnance de 1731, postérieure à Ricard, qui déclare les donations mutuelles ordinaires sujettes, comme les donations
pures et simples, à la formalité de l'insinuation
(Art. 20), et à la révocation pour survenance d'enfants (Art. 39). Quant aux dons mutuels entre

(1) Ricard, du Don mutuel, nos 1, 5, 13.
(2) Ibid., nos 83, 84, 90 et suiv.
(3) Pothier, Traité des donations, nos 129 et 130.

époux, si l'ordonnance n'a rien innové à leur
égard (Art. 40), s'ils ne sont pas compris dans ses
dispositions, s'ils restent soumis aux anciennes règles, ils n'en sont pas moins de véritables actes
entre-vifs à titre gratuit, avec toutes les conséquences qu'entraîne ce caractère. Ainsi, comme
toute donation, le don mutuel doit être irrévocable; il l'est tellement, suivant Pothier (1), que, si
dans le contrat de mariage ou dans celui du don
mutuel, une clause réservait aux conjoints ou à
l'un d'eux la faculté d'y porter atteinte soit en le
révoquant soit en disposant par testament d'un
bien compris dans la donation, cette clause rendrait nul le don mutuel. Suivant Lemaître, elle
devrait seulement être réputée non écrite, et la libéralité subsister intacte.

174. Pourtant l'irrévocabilité du don mutuel
est beaucoup moins parfaite que celle de la donation entre-vifs ordinaire. En droit commun, on ne
peut faire donation que de ses biens présents; il
est défendu de donner les biens qu'on laissera à
son décès (Art. 13 de l'ordonn. de 1731), ou de
charger le donataire des dettes que le donateur
contractera depuis la donation (Art. 16, même
ordonn.); de telle sorte que la donation entre-vifs
est plus nette, plus immuable : on sait de suite ce

(1) Pothier, nos 132 et suiv.

qu'on a. Au contraire, le don mutuel n'empêche pas que l'un des conjoints n'aliène à titre gratuit ou onéreux durant sa vie. La libéralité peut porter, porte même le plus souvent sur les biens à venir; le don mutuel n'est donc à proprement parler irrévocable qu'en ce sens qu'il ne peut plus être révoqué sans le consentement mutuel, ni diminué par l'effet des dispositions testamentaires (1).

175. Remarquons que, si le don mutuel avait été fait par contrat de mariage, il ne serait plus révocable même d'un mutuel consentement, car il ferait alors partie des conventions matrimoniales auxquelles les conjoints ne peuvent déroger même d'un commun accord.

En général cette révocation doit être soumise aux mêmes conditions que le don mutuel lui-même; sauf pourtant l'insinuation qui, nécessaire pour la libéralité, ne l'est pas pour sa révocation (2).

§ 2. — *Des diverses conditions d'où dépendent la validité et l'efficacité du don mutuel, et s'il peut être conditionnel.*

176. — I. *Conditions de validité.* — 1° Le don

(1) Pothier, n° 133.
(2) Ricard, n° 133; Pothier, n°s 137 et 138.

mutuel doit être égal de part et d'autre, sinón il
est nul.

Il doit être égal par rapport aux choses données;
chacun doit recevoir l'équivalent exact de ce qu'il
donne. Cette condition peut, dans certains cas,
restreindre les facultés des conjoints relativement
au don mutuel. Exemple : si par contrat de mariage un des conjoints avait fait une donation à
l'autre d'une quote-part de ses biens, le don mutuel fait pendant le mariage ne pourrait comprendre que la part de biens dont le premier pourrait
encore disposer; en effet, si le don mutuel en comprenait une plus forte part, il s'ensuivrait que le
conjoint donataire par contrat de mariage ferait
pendant le mariage à son conjoint un avantage
plus considérable qu'il n'en recevrait, il y aurait
donc inégalité dans la libéralité, par suite nullité
de celle-ci (1). Cette opinion de Pothier n'est pas
celle de Ricard, lequel (2) pense que, sauf dans
certains cas particuliers, le don mutuel ne serait
pas nul; qu'on devrait seulement retrancher ce
qui empêche l'égalité d'exister; mais que, cette
égalité une fois rétablie, il serait valable. La coutume de la Marche (Art. 290) admet expressément
cette réduction.

Il doit encore être égal à un autre point de vue :

(1) Pothier, nº 131.
(2) Ricard, nᵒˢ 217 et 235.

il faut que chaoun des conjoints, en contractant, ait
pu avoir espérance de survivre à l'autre, et de recueillir le don mutuel que l'autre lui faisait. Unanimes
pour prescrire l'égalité d'espérance, les coutumes
diffèrent sur les conditions d'âge, de santé que
doivent remplir les deux conjoints pour que cette
égalité existe. Dans les coutumes qui n'ont pas
prescrit expressément l'égalité d'âge, mais qui ont
prescrit (et toutes le font), l'égalité des biens donnés, Ricard pense que pourtant l'égalité d'âge doit
être exigée ; Pothier est d'un avis contraire, ainsi
que Bourghon, conformément à un arrêt du 21 jan-
vier 1717 (1).

177. 2° Pour que les conjoints se puissent faire
un don mutuel, il faut qu'ils soient communs en
biens, car cette faculté ne leur est accordée par la
coutume, que comme une récompense de leur
commune collaboration pendant tout le temps
qu'a duré le mariage (Art. 280 coutume de
Paris). De plus, la libéralité ne peut porter que
sur des biens communs, à moins de disposition
spéciale de la coutume (2).

178. 3° Les conjoints doivent être en santé à
l'époque où ils se font le don mutuel. Les coutumes et les commentateurs ne sont pas d'accord

(1) Ricard, n₀ 139 ; Pothier, n₀ 156.
(2) Pothier, n° 147 ; Ricard, nᵒˢ 157 et 158.

sur la manière dont ces mots *être en santé* doivent être entendus :

1*" Sens.* — L'art. 277 de la coutume de Paris est ainsi conçu : «Toutes donations, encore qu'elles « soient entrevifs, faites par personnes gisants au « lit, malades de la maladie dont ils décèdent, « sont réputées faites à cause de mort et testamen- « taires, et non entrevifs. » Suivant Lemaître, le don mutuel étant un don entre-vifs, doit être com- pris dans cet art. 277, de sorte que les mots *étant en santé* de l'art. 280 veulent dire qu'à l'époque où les conjoints se font le don mutuel, aucun d'eux ne doit être malade de la maladie dont il est mort ; parce qu'en ce cas, il ne serait plus capable, aux termes de l'art. 277 ci-dessus, de faire une donation entre-vifs. A l'appui de cette opinion soutenue également par Ferrière, on cite les coutumes de Montfort, art. 48 ; de Laon, ti- tre 5, art. 47 ; du Grand-Perche, art. 94 ; et de Châlons, qui entendent ainsi ces mots : *étant en santé.*

2° *Sens.* — De ce que ces coutumes ont pris soin d'expliquer comment elles entendent les mots *étant en santé,* cela ne veut pas dire que la cou- tume de Paris, qui n'a rien dit, les entende de la même façon. Ricard et Duplessis sont au contraire d'avis que cette coutume exige plus, dans l'art. 280, au cas de don mutuel, que dans l'art. 277, au cas do donation simple ; ils pensent qu'elle prohibe le don mutuel entre conjoints quand l'un d'eux est malade d'une maladie dangereuse, bien qu'il n'en soit pas mort.

3° *Sens.* — Pothier (1) est du même avis ; mais il en diffère en ceci, qu'il regarde le don mutuel fait en pareille circonstance, comme nul et ne pouvant jamais valoir, tandis que Duplessis et Ricard prétendent qu'il devient valable faute de révocation par le conjoint revenu à convalescence.

179. Que décider dans les coutumes qui ne se sont pas expliquées sur la santé requise dans les conjoints pour la validité de leur don mutuel ? Il faut examiner l'esprit de la coutume, et, si rien n'a été dit, comme dans la coutume d'Orléans, il faut l'entendre dans le sens de celle de Paris. Que si la coutume exige entre les conjoints une égalité ou presque égalité d'âge, on doit *à fortiori*, l'entendre de même que celle de Paris, puisqu'il y a encore moins égalité d'espérance entre deux conjoints dont l'un est malade, qu'entre deux conjoints d'âges disproportionnés.

180. 4° Pour pouvoir entre conjoints se faire un don mutuel, il suffit d'avoir l'âge requis pour le mariage, c'est-à-dire 14 ans pour le mari, et 12 ans pour la femme. Tel est l'avis de Ricard

(1) N° 151.

(n° 204), lequel cite dans ce sens Dumoulin (sur l'art. 155 de l'ancienne coutume de Paris, et sur les art. 161 et 162 de la coutume de Blois), Chopin (sur Anjou, livre 3, ch. 2, art. 10 et 11) et divers arrêts.

181. — II. Nous venons de voir les conditions principales nécessaires pour la validité du don mutuel, occupons-nous maintenant des conditions qui empêchent le don mutuel d'avoir aucun effet, lorsqu'elles viennent à défaillir : Elles sont au nombre de deux.

182. 1° La première c'est la survie du donataire. — De cette condition, il suit que, des deux donations qui ont été faites par les conjoints, une seule a effet : c'est celle faite par le prédécédé au survivant, celle faite par le survivant au prédécédé demeurant sans effet par la défaillance de notre condition.

183. 2° La deuxième est qu'il n'y ait pas d'enfants, ni de l'un ni de l'autre conjoint, lors du décès du premier mourant (Art. 280). Ces mots : *lors du décès du premier mourant* ont été ajoutés dans la rédaction nouvelle de la coutume de Paris, pour lever les doutes qui s'étaient élevés sur l'article 155 de l'ancienne coutume, lequel portait simplement : « *pourvu qu'il n'y ait d'enfants.* »

On soutenait que, du moment qu'il y avait eu des enfants à l'époque du don mutuel, qu'ils fussent morts ou non avant le prémourant des conjoints,

ce don était nul. Dumoulin avait prétendu, au contraire, qu'il était valable, dès qu'il n'y avait pas
d'enfants lors du décès du premier conjoint. C'est
cette opinion de Dumoulin qui a été admise, ainsi
que le prouve l'art. 280. Il suit de là, que, dans
les coutumes qui se sont bornées à dire : *pourvu
qu'il n'y ait d'enfants*, on doit suivre la règle de
l'art. 280 de la coutume de Paris (1).

184. Bien que la coutume ait dit : *enfants*, un seul
suffit pour faire défaillir la condition, car elle a été
apposée afin de conserver aux enfants la succession
de leurs parents. Il faut donc que l'enfant qui fait
par sa présence tomber le don mutuel existe au
jour où la donation doit produire son effet, et soit,
de plus, habile à succéder : ainsi, un bâtard, un
enfant exhérédé pour une juste cause, ou ayant
perdu son état civil par une condamnation capitale,
n'empêcheraient pas le donataire de recueillir le
bénéfice de la libéralité (2).

185. De ce que cette condition a été apposée en
faveur des enfants, on pourrait conclure que l'intervention des enfants majeurs au contrat de don mutuel que se font leurs père et mère, suffit pour que
ce don soit valable, alors même qu'ils existeraient
au temps du décès du conjoint. Mais il serait à
craindre que ce consentement des enfants ne leur

(1) Ricard, no 97.
(2) Pothier, no 188.

fût extorqué ; aussi l'opinion contraire de Dumoulin n'a-t-elle pas prévalu.

186. On peut se demander aussi pourquoi il ne
suffit pas que le donateur prédécédé n'ait pas d'enfants , et pourquoi il faut encore que le donataire
survivant n'en ait pas non plus ; il semble, en effet,
que si cette condition a été faite en faveur des enfants , il n'y a plus de raison de l'appliquer ici où
le donateur n'a pas d'enfants. Si l'on exige que
le donataire survivant n'ait pas non plus d'enfants,
cela tient à une autre cause : c'est parce qu'il est
de l'essence du don mutuel que la donation faite
par l'un des époux ne peut être valable qu'autant
que celle qui lui a été faite par l'autre conjoint eût
pu l'être, s'il fût prédécédé ; or, le survivant ayant
des enfants, la donation par lui faite n'eût pu être
valable s'il fût mort le premier ; donc celle faite par
le prédécesseur ne saurait être maintenue (1).

187. Par *enfants,* on entend non-seulement un
enfant né et vivant, lors du décès, mais encore un
posthume, pourvu qu'il ne soit ni mort-né , ni né
avant le septième mois de la grossesse. Du reste
ce terme *enfants* doit comprendre les enfants du
premier degré , et même tous les enfants quelque
éloignés qu'ils soient.

188. — III. Enfin, outre les conditions inhé-

(2) Pothier, 182.

rentes à la nature du don mutuel, les conjoints peuvent y apposer telles conditions que bon leur semble, pourvu qu'elles soient casuelles et non pas potestatives simples; seulement, si les deux donations sont subordonnées à deux conditions différentes, il faut qu'il y ait égalité entre ces dernières (1).

§ 3. — *Comment compose-t-on le don mutuel?*

189. Une fois la communauté dissoute, on fait une masse de tous les effets qui composent le patrimoine commun au décès du prémourant. Mais, comme chaque conjoint peut, vis-à-vis de cette communauté, être débiteur ou créancier : s'il est débiteur, il rapporte à la masse ce qu'il doit, déduction faite de ce que lui doit la communauté ; s'il est créancier, il prélève sur la masse ce qui lui est dû, déduction faite de ce qu'il peut lui-même devoir. C'est sur cette masse que le survivant prend le don mutuel.

Le don mutuel peut comprendre l'usufruit de tous les biens de la communauté ; donc *à fortiori*, peut-il comprendre l'usufruit d'une portion de ces biens. Bourghon soutient au contraire cette opinion singulière que l'on ne saurait restreindre le don

(1) Ricard, no 132; Pothier, nos 199 et suiv.

mutuel à l'usufruit d'une portion seulement de la communauté.

§ 4. — *De la forme du don mutuel.*

191. L'ordonnance de 1731, art. 46, a affranchi les dons mutuels des formes et règles prescrites pour les autres donations entre-vifs. Pourtant ils sont encore assujettis à certaines formalités :

1° Ils doivent, comme les autres donations entre-vifs, être faits par actes passés devant notaires, et dont il reste minute.

2° Ils doivent être faits par un seul et même acte. Du moins c'est là l'opinion de Pothier (N° 169), de Denisart (au mot *Don mutuel*) et de Bourghon (*Don mutuel*, ch. 1, n° 1.). Ricard, au contraire, pense (N°s 135 et 136) que les conjoints peuvent valablement se faire des donations séparées, et en différents temps, pourvu que les deux actes séparés qui contiennent la donation mutuelle aient rapport ensemble, et qu'ils soient faits en contemplation l'un de l'autre.

3° Le don mutuel doit être insinué. — C'est ce que dit l'art. 284 de la coutume de Paris : « *Un* « *don mutuel... pour être valable, doit être insinué* « *dans les quatre mois.* »

A partir d'une déclaration du roi du 5 décembre 1622, l'insinuation du don mutuel fut exigée dans toutes les coutumes, mais, d'après l'art. 30 de l'ordonnance de 1731, seulement pour la donation faite par la femme à son mari, et non pour celle faite par le mari à sa femme. La raison en est que le mari étant administrateur des biens et droits de sa femme et devant lui-même faire insinuer, ni lui ni ses héritiers ne peuvent opposer à la femme le défaut d'insinuation (1). Quant aux héritiers de la femme prédécédée, ils ont parfaitement ce droit, pour faire prononcer la nullité du don mutuel.

192. La question s'était élevée dans l'ancien droit, de savoir si la femme elle-même pouvait opposer le défaut d'insinuation. Duplessis tenait pour l'affirmative : il fondait cette opinion sur ces mots de l'art. 284 : — «Après laquelle insinua-« tion le don mutuel n'est révocable, sinon....» Ricard, au contraire, pense que l'argument à contrario tiré de cet article 284, n'est pas suffisant pour faire exception au principe général, qu'un donateur est lié même avant l'insinuation, et ne peut opposer lui-même l'inaccomplissement de cette formalité. D'après Ricard, le don mutuel, avant comme après l'insinuation, une fois les autres solennités accomplies, est irrévocable si ce n'est du mutuel consentement des conjoints. Pothier est du

(1) Pothier, no 172.

même avis, et cite l'art. 17 de l'ordonnance de 1731, qui décide sans distinction que le donateur ne peut opposer le défaut d'insinuation (1).

193. L'insinuation se fait au lieu du domicile des parties ; quand elle se fait dans le délai de la loi, comme elle rétroagit au jour du contrat, il faut la faire au domicile que les parties avaient à l'époque du contrat, lors même qu'ils en auraient changé depuis ; si elle est faite après le délai c'est au domicile actuel des contractants (2).

194. Suivant Pothier (N° 178), la femme doit, comme quatrième condition exigée pour la validité du don mutuel, être autorisée de son mari.— D'après Ricard (N°ˢ 60 et suiv.) cette autorisation est inutile. Dans le même sens : Bourghon (*Don mutuel*, ch. 1, n° 2).

§ 5. — *De l'ouverture du don mutuel et de la saisine du donataire.* — *Du droit conféré.*

195. La mort du conjoint prémourant donne ouverture à la libéralité faite au survivant, dont la propre donation demeure dès lors sans effet.

196. Pour jouir des choses comprises dans le don mutuel, ce survivant a-t-il quelque chose à

(1) Ricard, n°ˢ 78 et 79 ; Pothier, n° 173.
(2) Pothier, n° 174 ; Ricard, n° 77.

faire? Distinguons : si le don mutuel a été fait
par contrat de mariage, il saisit de plein droit, le
jour du décès du prémourant, le survivant donataire par devers qui se trouvent les choses données ; au contraire, s'il a été fait pendant le mariage, il ne saisit plus le survivant, mais lui donne
seulement le droit de demander aux héritiers du
prédécédé la délivrance des choses qui y sont
comprises pour en avoir la jouissance. Cela ressort
des termes de l'art. 284 de la coutume de Paris :
« Un don mutuel de soi ne saisit, mais est sujet à
» délivrance. »

197. De là il suit qu'au cas de don mutuel fait
pendant le mariage, le donataire est censé jouir
en commun avec les héritiers du prédécédé des
biens compris dans la libéralité, et il leur doit
compte de leur part des fruits, comme s'il n'y
avait jamais eu don mutuel. Cette situation cesse :
1° quand la délivrance des choses comprises au don
mutuel a été faite par les héritiers ; 2° quand il leur
a été présenté une caution suffisante, ainsi que le
dit l'art. 285 de la coutume de Paris : « Le dona-
» taire mutuel ne gagne les fruits que du jour où
» il a présenté caution suffisante. »

198. Les conjoints pourraient-ils se décharger
l'un l'autre de l'obligation de fournir cette caution ?
Oui, relativement au don mutuel fait par contrat de mariage, puisqu'ils peuvent par ce contrat

faire telles conventions et donations qu'ils veulent,
même de la propriété de leurs biens. Oui encore,
relativement au don mutuel fait pendant le mariage, lorsque, la coutume permettant le don mutuel de la propriété, il n'y a eu donation que de
l'usufruit. — Non, au contraire, relativement à
celui fait pendant le mariage, quand la coutume ne
le permet qu'en usufruit, et *à fortiori* quand elle
exige en outre que le survivant donne caution (1).

199. Comme celle de Paris, la coutume d'Orléans exige que le donataire mutuel donne caution
avant de jouir; elle dit dans son art. 282 : « Est
« tenu celui qui veut jouir dudit don mutuel,
« donner caution..., et, ce faisant, demeurer ice-
« lui survivant saisi dudit don.... » Seulement,
à la différence de l'art. 285 de la coutume de Paris,
l'art. 282 de celle d'Orléans n'exige pas que le
donataire mutuel présente sa caution en jugement.
Dans d'autres coutumes, telles que celle du Bourbonnais (art. 227), le donataire est saisi de plein
droit du jour du décès du prédécédé. Du reste,
il faut, pour décider s'il y a ou non saisine de
plein droit, suivre la loi des lieux où sont situés
les héritages compris dans le don mutuel.

200. Quand il a été fait don mutuel de l'usufruit

(1) Pothier, n° 201; Ricard, n°° 207 et 208; Arrêt du 2 mai
1650.

(ce qui est le seul genre de libéralité permis par l'art. 280 de la coutume de Paris, sauf au cas où le don mutuel est fait par contrat de mariage), le donataire mutuel a sur les biens compris dans son don un droit d'usufruit ou de quasi-usufruit, suivant que ces biens sont des conquêts immeubles, ou de l'argent comptant et autres effets mobiliers de la communauté. Il a aussi le droit de se faire payer par les débiteurs les dettes actives, à la charge de rendre à l'expiration de son usufruit la part qui revient à l'héritier du prédécédé ou à ses représentants dans ce qu'il a reçu desdites dettes (1).

201. Cet usufruit s'éteint le plus ordinairement par la mort du donataire mutuel ; mais il est soumis encore aux modes d'extinction de l'usufruit ordinaire. Dans la coutume de Paris et la plupart des autres, le convol en secondes noces n'éteint pas de plein droit l'usufruit, mais les conjoints peuvent valablement stipuler dans le contrat de don mutuel que le convol sera une cause d'extinction (2).

202. L'usufruit éteint, la jouissance des biens revient entre les mains, soit des héritiers du prédécédé, restés nu-propriétaires, soit de leurs succes-

(1) Pothier, nos 212 et suiv.
(2) Pothier, nos 252 et 253.

seurs à titre universel ou particulier à ladite propriété ; et, de leur côté, ils doivent tenir compte
au donataire ou à ses héritiers de tout ce qu'il a
déboursé en avances pour payer les dettes et charges du don mutuel , conformément à l'art. 286 de
la coutume de Paris.

§ 6. — Des charges du don mutuel.

203. Elles sont énoncées dans les art. 286 et
287 de la coutume de Paris :

ART. 286 : « Le donataire mutuel est tenu
» avancer et payer les obsèques et funérailles du
» premier décédé, ensemble la part et moitié des
» dettes communes dues par ledit premier décédé.
» Lesquelles obsèques et funérailles, et moitié des
» dettes, lui doivent être déduites sur la part et
» portion dudit premier décédé. Toutefois n'est
» tenu payer les legs et autres dispositions testa-
» mentaires. »

ART. 287 : « Aussi est tenu celui qui veut jouir
» du don mutuel, faire faire les réparations viagè-
» res étant à faire sur les héritages sujets audit don
» mutuel ; et payer les cens et charges annuelles,
» les arrérages, tant des rentes foncières que des
» autres rentes constituées pendant la commu-
» nauté, échus pendant la jouissance dudit don
» mutuel , sans espérance de les recouvrer. »

Ces deux articles forment un droit commun pour
les coutumes qui n'ont pas parlé des charges (1)

CHAPITRE IV.

DU DON MUTUEL PERMIS PAR L'ARTICLE 281
DE LA COUTUME DE PARIS.

---

204. L'art. 281 porte : « Pères et mères ma-
« riant leurs enfants, peuvent convenir que leurs-
« dits enfants laisseront jouir le survivant de
« leurs dits père et mère des meubles et conquêts
« du prédécédé, la vie durant du survivant, pourvu
« qu'ils ne se remarient. Et n'est réputé tel accord
« avantage entre lesdits conjoints. »

205. — I. Cette espèce de don mutuel ressemble
à celui de l'art. 280, en ce qu'il n'est possible qu'à
la condition d'être réciproque et égal, d'avoir
lieu entre conjoints communs en biens, et de porter sur des biens communs. Elle en diffère prin-
cipalement en ce que dans l'art. 280 les conjoints
se font directement une libéralité mutuelle, tandis
que dans l'art. 281 il s'agit d'une convention

(1) Pothier, chap. VI.

faite directement avec l'enfant que l'on marie, et renfermant indirectement le don mutuel. D'où il suit : 1° que le don mutuel de l'art. 280 est un acte fait entre les conjoints seuls, sans intervention d'aucune autre partie, tandis que celui de l'art. 281 est un acte dans lequel l'enfant doté est avec les conjoints une des principales parties ; 2° que le premier peut se faire pendant toute la durée du mariage des conjoints, tandis que le second ne peut se faire que par le contrat de mariage de leurs enfants ; 3° que le premier ne produit d'effet que si aucun des conjoints ne laisse d'enfants, tandis que le second suppose nécessairement qu'ils en ont, et produit ses effets malgré leur existence ; 4° qu'au cas de convol en secondes noces, le premier ne se perd pas, tandis que celui de l'art. 281, cesse de produire ses effets quand le survivant des conjoints se remarie (1).

206. Ce don peut se faire par contrat de mariage, ainsi que le prouve ces mots de l'art. 281 : « mariant leurs enfants.... » — Il ne pourrait pas se faire valablement par un acte subséquent dans lequel l'enfant déjà marié interviendrait et consentirait, en conséquence de la dot qui lui a été précédemment faite, à laisser jouir le survivant de ses

(1) Pothier, n° 262 et 263.

père et mère de tel ou tel bien dans la part des meubles et conquêts appartenant au prédécédé; en effet, la donation de la dot est parfaite aussitôt que le contrat de mariage qui la contient a été passé et ne peut par conséquent être altérée par aucune condition résultant d'un acte postérieur.

207. Cette convention de l'art. 281 ne pouvait même pas être apposée comme condition à une donation que feraient les conjoints à leur enfant déjà marié, à titre d'augmentation de dot. L'enfant aurait, en qualité d'héritier, droit de demander à jouir de sa part des biens communs compris au don mutuel. Seulement cet enfant, ayant contrevenu à la condition apposée à sa donation, celle-ci serait nulle, et il se verrait obligé d'imputer en entier sur la succession du prédécédé l'augmentation de dot qu'il aurait reçue (1).

208. — II. Pothier (n° 267) pense que ces mots : *mariant leurs enfants*, de l'art. 281, veulent dire « dotant les enfants qu'ils marient » et que, par suite, si les père et mère ne fournissent pas de dot, ils ne peuvent pas user du bénéfice de l'art. 281, qu'on ne leur accorde que pour les exciter à doter leurs enfants. Mais cette opinion est contredite.

209. Une autre controverse s'est encore élevée

(1) Pothier, nos 261 et 265.

à propos de ces mêmes mots : *mariant leurs en-*
fants. Auzamet, Lemaître, Laurière, prétendent
que ce mot *enfants* ne comprend que les fils et non
les petits-fils et autres descendants, se fondant en
cela sur le texte même de l'art. 281 : « *Père et*
mère. » Pothier (n° 273), soutient que, par ces
mots : *Père et mère*, on doit entendre également
aïeul et aïeule, et cite à l'appui l'art. 314 de la
coutume de Paris : « Les père et mère jouissent
« par usufruit des biens délaissés par leurs enfants
« qui ont été acquis par lesdits père et mère, et
« par le décès de l'un d'eux, avenus à leurs dits
« enfants.... » dans lequel on ne peut se refuser à
interpréter ainsi les mots *Père et mère.*

Enfin ces mots : *leurs enfants*, ne doivent s'entendre que de leurs enfants communs (1).

210. — III. « *Pourvu qu'il ne se remarie...* »
Bien que susceptibles d'être interprétés plus durement, ces mots doivent être compris en ce sens,
qu'à partir de son convol en autres noces le survivant cesse d'avoir la jouissance des biens compris au don mutuel (2).

211. — IV. Le don mutuel permis par l'art.
281 comprend tout ou partie de l'usufruit de la
portion du prédécédé dans les biens de la com-

_____

(1) Pothier, n° 277.
(2) Pothier, n° 278.

munauté ; il ressemble en cela à celui permis par l'art. 280. Il en diffère en ce qu'il comprend les propres ameublis (car ils sont réputés conquêts ·par leur ameublissement), tandis que celui de l'art. 280 ne les comprend pas, puisqu'il ne parle que des conquêts immeubles faits pendant le mariage. On doit du reste regarder le don mutuel permis par l'art. 281 comme soumis aux charges de l'art. 286.

212. — V. Un effet de la convention permise par l'art. 281 est que les enfants dans le contrat de mariage desquels elle se trouve, ne peuvent pas demander au survivant de leurs père et mère le partage des biens de la communauté. Si ces enfants sont morts, et que leurs enfants viennent, par représentation ou de leur chef, ceux-ci ne le peuvent pas non plus, si ce n'est quand, venant de leur chef, ils ont renoncé à la succession de leurs père ou mère ; en effet, n'ayant pas été leurs héritiers, ils n'ont succédé à aucune de leurs obligations. Mais quand les enfants non mariés avec cette convention de l'art. 281 demandent, ainsi qu'ils en ont le droit, le partage au survivant, c'est une question controversée de savoir si les enfants mariés avec cette clause doivent laisser le survivant jouir de l'usufruit de la part qui leur revient, ou s'ils peuvent réclamer leur part. Laurière, Ferrière sont pour la première solution, vers laquelle

incline Pothier (n° 287); Duplessis et Lemaître, dont l'opinion paraît avoir été la plus suivie, sont pour la seconde.

213. — VI. Sous les coutumes qui n'ont pas permis le don de l'art. 281, on insère souvent dans les contrats de mariage que, moyennant la dot qu'il a reçue, l'enfant ne pourra provoquer le survivant à aucun inventaire ni partage. Cette clause n'empêche pas l'enfant de demander l'inventaire et le partage ; seulement, comme il manque alors à la condition sous laquelle le survivant a contribué à la dot, il est obligé d'imputer en entier cette dot sur la succession du prédécédé. Le survivant est alors censé n'avoir pas doté ; au lieu que, si l'enfant ne provoque pas le partage, il obéit à la condition, et, le survivant étant censé avoir doté pour moitié, l'enfant n'est tenu au rapport que de la moitié de sa dot.

On voit qu'une pareille clause diffère de celle qui consiste à dire que la dot fournie par les père et mère sera imputée sur la succession du premier décédé. Car, dans celle-ci, le prédécédé est toujours censé avoir doté seul, que l'enfant demande ou non partage au survivant, et cet enfant est toujours tenu au rapport de sa dot entière à la succession du prédécédé (1).

(1) Pothier, n° 233.

CHAPITRE V.

ÉDIT DES SECONDES NOCES.

—

214. Notre droit ancien ne s'était pas seulement préoccupé des donations entre époux pendant le mariage, il avait songé aussi aux conséquences que pouvait avoir pour les enfants le convol en secondes noces de leur père ou de leur mère. Tout en permettant les donations entre futurs époux, il avait veillé aux intérêts des enfants issus d'un précédent lit, en restreignant la capacité de donner chez ces parents qui « passent à do seconds ma-
» riages, et témoignent par cette action plus de
» passion que de prudence, et plus d'inclination à
» suivre leur propre satisfaction qu'à songer à l'in-
» térêt des enfants qu'ils ont mis au monde » (1).

215. Ce fut un édit célèbre rendu en 1560, sous François II, qui protégea les enfants contre les dangers du convol. L'Édit des secondes noces ne s'appliquait qu'aux donations faites avant le mariage, ou bien aux donations mutuelles postérieures pouvant se concilier avec l'existence d'enfants, c'est-à-dire faites dans les pays de droit écrit ou sous les coutumes qui ne prohibaient pas

(1) Ricard, du Don mutuel, n° 240.

absolument les libéralités entre époux ayant des enfants.

216. L'Edit des secondes noces présentait deux chefs : le premier, relatif aux donations de propres ; le second, spécial aux donations de biens provenant du premier conjoint. Cet édit est la reproduction de deux constitutions célèbres des empereurs chrétiens. Le premier chef se rapporte à la constitution *Hac edictali* rendue par Léon et Anthenius (469) (1), et qui défend à l'époux remarié de donner à son nouveau conjoint plus que la part de l'enfant du premier lit le moins prenant. Le second chef rappelle la constitution *Fœminæ quæ* (2) de Gratien, Valentinien II et Théodose Ier (382), qui soumet la veuve remariée à l'obligation de réserver intégralement aux enfants du premier lit les biens venant de son premier mari : cette disposition fut étendue aux hommes veufs par la constitution *Generaliter* de Théodose II et de Valentinien III (444) (3).

ÉDIT.

François, par la grâce de Dieu, roi de France... statuons et ordonnons :

I. « Que les femmes veuves ayant enfants, ou

(1) L. 6 pr., C., *de Sec. nupt.*
(2) L. 3 pr., C., *Ibid.*
(3) L. 5 pr., C., *Ibid.*

» enfants de leurs enfants, si elles passent à de
» nouvelles noces, ne peuvent et ne pourront, en
» quelque façon que ce soit, donner de leurs biens
» meubles, acquêts, ou acquis par elles d'ailleurs,
» que leur premier mari, ni moins leurs propres ;
» à leurs nouveaux maris, père, mère, ou enfants
» desdits maris, ou autres personnes qu'on puisse
» présumer être par dol ou fraude interposées,
» plus qu'à un de leurs enfants, ou enfants de leurs
» enfants. Et s'il se trouve division inégale de leurs
» biens faite entre leurs enfants, ou enfants de
» leurs enfants, les donations par elles faites à leurs
» nouveaux maris seront réduites et mesurées à
» raison de celui des enfants qui en aura le moins.

II. « Et au regard des biens à icelles veuves ac-
» quis par dons et libéralités de leurs défunts ma-
» ris, icelles n'en peuvent et ne pourront faire part
» à leurs nouveaux maris ; ains elles seront tenues
» les réserver aux enfants communs d'entr'elles
» et leurs maris de la libéralité desquels iceux
» biens leur seront advenus. Le semblable voulons
» être gardé ès biens qui sont venus aux maris par
» dons et libéralités de leurs défuntes femmes ;
» tellement qu'ils n'en pourront faire don à leurs
» secondes femmes, mais seront tenus les réserver
» aux enfants qu'ils ont eus de leurs premières.
» Toutefois n'entendons par ce présent notre Édit,
» bailler aux-dites femmes plus de pouvoir et li-

» berté, de donner et de disposer de leurs biens,
» qu'il ne leur est loisible par les coutumes des
» pays auxquelles par ces présentes n'est dérogé,
» en tant qu'elles restreignent plus, ou autant la
» libéralité des dites femmes » (Juillet 1560).

§ 1er. — *Premier chef.*

217. — I. *Personnes auxquelles s'appliquait
l'Édit.* La question de savoir s'il fallait étendre
aux hommes des dispositions qui ne spécifiaient
que les veuves, fut tranchée par un arrêt du 18
juillet 1587, déclarant en termes généraux que
l'édit comprend tant les maris que les femmes convolant en secondes noces. Cet arrêt servit de base
à la jurisprudence des parlements, qui complétèrent
ainsi les lacunes de l'édit par une interprétation
empruntée à la constitution *IIde edictali.* Aussi
nous nous bornerons à raisonner dans une seule
hypothèse, celle du convol de la veuve, les mêmes
règles devant s'appliquer à l'homme veuf qui se
remarie ; ajoutons qu'il n'y a pas de différence entre le cas d'un second et celui d'un troisième ou
d'un quatrième mariage.

218. L'incapacité de donner résulte de la présence d'enfants ou petits-enfants posthumes ou
déjà nés (1). L'édit ne se contente pas de déclarer

(1) Pothier, du Contrat de mariage, no 536.

le nouveau mari incapable de recevoir, il atteint aussi les père, mère ou enfants dudit mari, en voyant dans leur qualité une présomption légale d'interposition, et de plus il permet de prouver en fait que telle ou telle personne qui reçoit de la femme se remariant n'est qu'un donataire apparent (1).

219. — II. *Avantages sujets à retranchement.* — L'édit s'applique à toutes les donations rémunératoires ou non, onéreuses ou purement gratuites, pourvu toutefois que les charges ou services ne soient pas appréciables en argent, auquel cas la réduction ne porte que sur ce qui constitue une pure libéralité (Pothier, n° 544 et 545). Quant aux donations mutuelles et égales, on aurait pu croire que leur caractère de contrats à titre onéreux, et la chance pour les enfants de trouver la fortune du père dans la succession de la mère qui se remarie, devaient les faire excepter de la règle; mais les termes de l'édit semblent formels par leur généralité, et puis, comme dit Ricard, « l'intention de l'Edit, qui est de conserver aux « enfants les biens de leurs père et mère, se trouve « aussi bien éludée par l'effet d'un don mutuel « que par une donation pure et simple, lorsque « par l'événement il vient à avoir son effet contre

(1) Ricard, *Traité des donations entre-vifs*, n° 1230; Pothier, n° 542.

« eux » (N° 1194). C'est ce qu'a décidé un arrêt du
23 mai 1586.

220. Les conventions matrimoniales, telles que
la clause de préciput, la différence dans les deux
apports constituant un avantage réel, rentraient
sous l'application de l'Edit ; il en était de même
du cas où la femme ameublissait ses immeubles
pour les rendre communs, et même de celui où le
mobilier, tombé de son chef dans la communauté
légale, était plus considérable que celui de son
second mari. En effet, la communauté légale résultant d'une convention tacite des époux, on pouvait voir dans cette valeur supérieure du mobilier
une libéralité consentie par la femme : c'était à
elle à se réserver propre ce qui lui appartenait (1).

221. Il en était autrement s'il s'agissait de successions mobilières non réservées propres. Ces
successions consistant en des espérances incer-
taines, pouvant être aussi bien inférieures que su-
périeures à celles du mari, la femme n'était pas
supposée avoir voulu faire un avantage à son conjoint (Pothier, 553). Mais si le second mari avait
réservé propres ses successions à venir, et que la
femme n'eût pas fait de même, le défaut de réserve
devait passer pour une donation sujette à retranchement. — On voyait aussi un avantage mutuel
dans la clause par laquelle les deux conjoints con-

(1) Pothier, n° 551.

viennent que les successions tant mobilières qu'immobilières tomberont de part et d'autre dans la communauté (Pothier, 555).

En ce qui concerne le douaire et l'augment de dot ou donation à cause de noces, il y a une distinction à faire. L'augment de dot, quoique devenu légal en pays de droit écrit et fixé pour la femme à la moitié de ce qu'elle a apporté, n'en est pas moins réputé avantage sujet à retranchement, comme fondé sur la volonté des parties qui peuvent l'augmenter ou le diminuer à leur gré (Ricard, 1213). Le douaire coutumier, au contraire, bien qu'ayant les mêmes caractères, n'est pas soumis au retranchement de l'Edit ; et si le montant du douaire a été fixé par la convention des parties, il n'est pas réputé avantage jusqu'à concurrence du douaire coutumier : la raison donnée pour faire échapper cette donation aux dispositions de l'Edit est que la femme le tient *magis ex beneficio legis quàm ex beneficio hominis* (1).

222. — III. *Réduction en vertu de l'Edit.* Pour donner une sanction à sa disposition, l'Edit réduisait les libéralités faites dans le cas de convol à une part d'enfant le moins prenant. Il ne pouvait pas y avoir de difficulté lorsque le donateur ne laissait que des enfants au premier degré : c'était alors la

(1) Pothier, no 557 ; Ricard, no 1219.

part la plus faible qui formait la quotité disponible,
à la condition de ne pas être inférieure à la légitime; mais lorsque les enfants n'étaient pas du même
degré, il pouvait y avoir doute sur le point de
savoir si la donation faite au second mari devait
être réduite à la part de l'un des petits-enfants, ou
au contraire se mesurer sur la part échue à celle
des souches qui est la moins favorisée. Ricard
(1271, 1272), et Pothier (564, 565), pensaient qu'il
fallait suivre la première opinion lorsque le donateur laisse des enfants de souches différentes, parce
que dans ce cas ils viennent par représentation, et
le second lorsqu'il ne reste que des petits-enfants
d'une même souche, parce qu'ils viennent alors par
tête à la succession. Cependant nous ne voyons pas
pourquoi la renonciation des enfants du premier
degré pourrait ainsi préjudicier au mari donataire,
au point de le réduire à presque rien, en multi-
pliant les parts par suite du grand nombre d'enfants du second ou du troisième degré.

223. Pour apprécier le montant de la quotité
disponible, il ne faut compter que les enfants héritiers, et dans le cas de plusieurs mariages successifs, c'est la somme de toutes les donations consenties qui ne doit pas être supérieure à la part
d'enfant le moins prenant (1).

(1) Ricard, 1315 et suiv.

224. — IV. *A qui appartient l'action en retranchement.* — Du moment qu'il y a des enfants du précédent mariage qui ont survécu, l'action en retranchement appartient et profite à tous les enfants du premier ou du second lit, sans que la renonciation des uns puisse préjudicier aux autres (1). C'est là un droit ouvert au profit de tous les descendants, par le fait seul de l'existence d'enfants d'un précédent lit. Du moins telle était la théorie des pays de coutumes ; car dans les pays de droit écrit on se conformait plutôt à la novelle 22, ch. 27, de Justinien qui rappelait la disposition de la loi *Hac edictali,* d'après laquelle le retranchement appartenait aux enfants du premier lit à l'exclusion des autres (2).

225. Pothier et Ricard (3) ne voyaient pas dans l'action en retranchement une extension de la légitime, un droit successoral ; c'était pour eux un droit inhérent à la qualité d'enfants, attribué en vertu d'un privilége spécial, qui s'exerçait seulement après la mort de la mère, et sur des biens déjà sortis de la succession par l'effet de la donation. Dans cet ordre d'idées, les enfants même renonçants étaient admis à invoquer l'édit des secondes noces ; seulement on exigeait qu'il y eût

---

(1) Pothier no 567 ; Ricard, nos 1288 et suiv.

(2) Ricard, 1282 et suiv.

(3) Pothier, 568 ; Ricard, 1301 et suiv.

au moins capacité d'être héritier, puisque l'édit
n'était destiné qu'à réparer le préjudice résultant
pour les enfants des libéralités de leur mère, et que
ce préjudice ne pouvait exister qu'autant qu'il y
avait lésion de droits successoraux ; ainsi l'enfant
exhérédé ne peut profiter du retranchement. Ricard va même jusqu'à écarter aussi les filles qui
ont renoncé par contrat de mariage aux successions
de leurs père et mère ou qui sont exclues par la
coutume comme ayant été dotées (1).

226. Une autre conséquence de ce principe que
l'action en retranchement n'appartient pas aux
enfants en qualité d'héritiers, c'est qu'ils ne sont
pas tenus des dettes contractées par le donateur
postérieurement à la donation, du moins lorsqu'ils
ont renoncé ou accepté sous bénéfice d'inventaire.
Les créanciers n'ont pas à se plaindre, puisque
la révocation de la donation procède d'un droit
qui leur est étranger, et qui est éminemment
personnel aux enfants (Ricard, 1311).

---

(1) On peut dire qu'il y a une anomalie entre cette théorie de
Ricard et de l'o:hier, et celle que ces auteurs suivent en matière
de légitime. Le droit de réduction accordé par l'édit des secondes
noces est évidemment un droit de réserve, et, dès lors, il serait
plus conséquent de l'attribuer comme la réserve ordinaire à la qualité d'héritier et non à celle d'enfant. Il est probable que ces jurisconsultes se sont laissés entraîner par l'origine toute romaine de
l'édit.

227. — V. *Nature de l'action en réduction.* — L'action qui garantit l'observation de l'Edit est une action personnelle réelle, pouvant s'intenter et contre le donataire et contre les tiers détenteurs des biens donnés, auxquels le donataire n'a pu transférer qu'un droit de propriété résoluble comme celui qui lui appartenait. Cette action est ouverte par la mort du donateur, et s'exerce sur les biens eu égard à la valeur qu'ils auraient eue s'ils étaient restés dans son patrimoine.

228. Comme nous l'avons déjà fait observer, l'époux donateur se dépouille par suite de la libéralité qu'il consent à son conjoint; sortis de son patrimoine, les biens donnés, au jour de sa mort, se trouvent en dehors de la succession; et lorsque l'enfant vient exercer sur eux son action en retranchement, c'est en vertu d'un droit qu'il tient de l'Edit, c'est-à-dire de la loi, et nullement de son ascendant donateur qui n'a plus pouvoir sur ces biens. Il résulte de ceci qu'il ne faut pas imputer sur la légitime la part attribuée à un enfant dans la portion retranchée, car la légitime est un droit héréditaire, spécialement garanti et indépendant du droit à la réduction qui vient de la loi (1).

Cependant il ne faut pas pousser trop loin les

_____

(1) Pothier, n° 592.

conséquences de cette nature du droit de retranchement. Ainsi, pour établir la part de l'enfant le
moins prenant à laquelle doit être réduite la donation faite au second conjoint, nous pensons
qu'on doit réunir en une seule masse les biens qui
se trouvent dans la succession et ceux compris
dans les libéralités prohibées, et opérer entre les
enfants et le mari un partage égal; sauf le cas où
il y aurait au profit des enfants des avantages par
préciput dont il faudrait leur tenir compte exclu-
sivement.

229. D'après Ricard et Pothier le mari ne
pourrait concourir au partage de la portion retranchée, parce que, disent ces jurisconsultes,
c'est sur la part à laquelle l'enfant le moins prenant a droit du chef de sa mère comme héritier
ou donataire que doit se réduire celle du mari; or,
la portion retranchée étant dévolue de par la loi
ne peut pas compter pour cette évaluation. La
femme convolant en secondes noces, dit l'Edit, ne
peut *donner* à son nouveau mari plus qu'à l'un de
ses enfants….; telles *donations* seront réduites à
la raison de celui qui en aura le moins. Ce système
a l'inconvénient d'amener ce résultat que l'époux
donataire peut avoir moins que la part de l'enfant
le moins prenant, tandis que c'est cette part qui
doit déterminer le montant de la sienne.

230. Quant à l'hypothèse où il y aurait eu des

avancements d'hoirie consentis par la mère à l'un ou à plusieurs de ses enfants, ces avancements d'hoirie étaient-ils postérieurs à la donation faite au mari, la femme n'avait pas pu porter atteinte à cette dernière par de nouvelles libéralités, et le rapport était dû au donataire (1). Etaient-ils, au contraire, antérieurs, le mari n'étant pas enfant, n'ayant pas les mêmes droits, ne pouvait demander ce rapport qu'en tant que rapport fictif, comme base de la détermination de la part d'enfant le moins prenant; mais en ce qui concerne le rapport réel, le mari ne pouvait le demander ni en profiter : si les biens existants étaient insuffisants pour compléter sa part, c'était là pour lui un préjudice inévitable.

Il arrivait souvent que, pour éviter des difficultés dans l'avenir, l'époux convolant en secondes noces donnait à son nouveau conjoint une part d'enfant. C'était là une institution contractuelle obligeant au paiement des dettes, *intrà vires*, et devenant caduque par le prédécès du donataire (Pothier 595), puisque la part d'enfant, dans la succession du donateur, ne commence à exister que lorsqu'il y a succession, c'est-à-dire lors de sa mort. Jusque là le droit du donataire est encore informe.

(1) Pothier, 603.

231. Si le donateur mourait sans laisser d'enfants, Pothier (598) et Ricard (1281) pensaient que le mot *part*, à moins d'intention contraire du disposant, devait s'entendre de la moitié. « Partis « appellatio, non adjectà quotâ, dimidia intelli-« gitur. » (Loi 164, § 1, de verb. signif.)

§ 2. — *Second chef.*

232. Ce second chef défendait aux personnes convolant en secondes noces de rien donner à leur second conjoint des avantages obtenus du précédent mariage et qui devaient être réservés aux enfants du premier lit.

233. *Des avantages prohibés par le second chef et de la substitution légale établie au profit des enfants du premier lit.* — Le second chef frappe d'une nullité totale les dons et libéralités. Par les mots *dons et libéralités*, il faut entendre, non pas seulement les donations proprement dites, mais en général tous les avantages qui viennent de dispositions à titre gratuit consenties par les précédents maris, tels que : 1° l'inégalité des apports; 2° le préciput conventionnel : il en serait autrement du préciput légal accordé aux nobles, qui ne peut pas être considéré comme une libéralité venant du prédécédé, puisqu'il vient de la loi; 3° le douaire conventionnel que la femme tient de son mari : du reste, il ne doit tomber sous

l'Edit que jusqu'à concurrence du douaire coutumier, car ce dernier n'est pas atteint. Pothier et
Ricard, qui déclarent la donation du douaire conventionnel à un second conjoint nul pour la totalité, arrivent à cette conséquence que la femme
est plus maltraitée que si son mari ne lui avait
rien donné.

234. Les biens, même paternels, qu'un époux
qui convole en secondes noces recueille dans les
successions de quelques-uns de ses enfants du précédent mariage, ou qu'il acquiert à titre de garde
noble, ne sont pas compris dans les termes de l'é-
dit : ils peuvent venir du premier époux ; mais ce
n'est pas de lui que les tient le conjoint qui se remarie.

235. La loi suppose que le premier mari n'a fait de
libéralités à sa femme que sous la condition tacite
d'une restitution aux enfants communs dans le cas de
convol ; et cette présomption admise par la loi pour
suppléer aux oublis de l'affection paternelle va si
loin, que l'on n'admettait pas qu'un conjoint donateur pût faire remise à son donataire des peines de
l'Edit (Pothier, 613). Du reste la femme demeure propriétaire des biens donnés ; elle est seulement tenue,
par une sorte de substitution fidéicommissaire, de
les réserver aux enfants communs qui sont censés
les tenir de leur père : *accipiunt a gravante, non a
gravato.* Ainsi : 1° les immeubles recueillis en vertu

des règles de l'Edit sont pour les enfants des propres paternels ou maternels suivant que le conjoint
prédécédé est leur père ou leur mère ; 2° la femme,
conjoint donataire, ne peut aliéner ou obliger les
biens donnés que sous la réserve de la substitution
légale ; 3° ces biens ne doivent pas s'imputer sur la
légitime; 4° si ce sont des meubles, leur restitution
est garantie par une hypothèque datant du jour de
la donation (Pothier, 614); 5° enfin, le second
conjoint ne peut avantager quelques enfants du
premier lit au détriment des autres, et les enfants
du subséquent mariage ne peuvent rien réclamer
de ces biens, lors même que leur légitime ne serait
pas complétée.

236. La substitution légale est déférée aux seuls
enfants nés du premier mariage. S'ils sont prédé-
cédés, elle profite à leurs descendants. Ici, comme
à propos du premier chef, Pothier et Ricard attri-
buent ce bénéfice de la substitution à la qualité
d'enfants, et non à celle d'héritiers, tout en exigeant
qu'il y ait habileté à succéder, puisque l'édit n'a
eu en vue que ceux des enfants auxquels ces donations et le convol pourraient causer quelque préjudice (1). Ricard allait même jusqu'à permettre à
l'aîné de prendre son droit d'aînesse dans les biens
nobles qui s'y trouvaient compris, puisqu'il éprou-

(1) Pothier, 623 et suiv.; Ricard, 1308 et suiv.

verait un préjudice par rapport à ces biens.

237. Cette substitution s'éteint par le précécès, sans postérité qui les représente, de tous les enfants du premier lit. Mais si l'époux remarié devient veuf une seconde fois et sans enfant de son second mariage, faut-il dire, avec Duplessis et Lemaître, qu'il recouvre le droit de disposer à son gré des biens substitués, puisque la substitution est éteinte, et que le convol n'a causé aucun préjudice aux enfants du premier lit ; ou bien décider comme Pothier (627) que la substitution est perpétuelle, qu'elle survit à la dissolution du second mariage et doit s'ouvrir au jour du décès de l'époux remarié ? Il nous semble que l'idée de l'édit est de protéger les enfants contre un second mariage ; ce danger n'existant plus, la prohibition doit cesser aussi.

§ 3. — *Extension apportée par les coutumes de Paris et d'Orléans.*

238. L'extension donnée par l'art. 279 de la coutume de Paris et l'art. 203 de celle d'Orléans aux dispositions de l'Edit des secondes noces, repose sur cette idée, que les biens de la communauté sont les fruits du travail du mari, qu'ils ont été acquis en vue des enfants, et que dès lors il faut les leur conserver. Ce principe, très simple et

très juste , doit nous guider dans l'interprétation des deux articles précités qui , du reste, se complètent l'un par l'autre.

239. Il y a dans ces articles deux dispositions distinctes : l'une vise les donations de conquêts consenties au profit d'un second mari ; l'autre, au contraire, s'occupe des aliénations de ces mêmes conquêts au profit d'étrangers. Elles s'appliquent à toutes les personnes qui tombaient sous les termes de l'Edit, c'est-à-dire aux hommes et aux femmes se remariant, suivant un arrêt de 1697 rendu sur les conclusions de D'Aguesseau.

240. D'après la première disposition, sont prohibées les donations, au profit d'un second mari , de conquêts provenant du premier, que ces conquêts soient des meubles ou des immeubles. On est même allé jusqu'à défendre les libéralités portant sur les biens apportés par les époux en communauté (1) ; mais il nous semble que c'est là une exagération : on ne peut pas dire que ces biens représentent le fruit du travail du père, qu'ils sont le résultat de ses soins et de sa collaboration, sous peine de forcer et de rendre injuste l'idée qui sert de base à l'extension des coutumes. Les donations consenties malgré la prohibition sont nulles en totalité et non pas seulement réductibles jusqu'à

_____

(1) Pothier, 633.

concurrence des portions afférentes aux enfants
du premier mariage ; la nullité profite aux enfants
des deux lits, il faut seulement que l'action s'ou-
vre par la présence au moins d'un enfant du premier mariage.

241. La seconde disposition permet les aliénations à titre gratuit de conquêts au profit d'étrangers, sauf réserve à l'enfant du premier lit de la
part qui devait lui revenir. Cette réduction ne profite pas aux enfants du second mariage. Ces deux
dispositions constituent un statut réel, ayant un
effet local.

242. — En 1570, une ordonnance de Henri III,
dans le but de punir les femmes veuves ayant des
enfants d'un premier lit et épousant des hommes
indignes de leur condition, prononça la nullité de
tous les avantages faits à ce second mari ; la disposition de ses biens pouvait même être interdite
à la femme.

Art. 102. « Et d'autant que plusieurs femmes
« veuves, même ayans enfants d'autres mariages,
« se remarient follement à personnes indignes de
« leur qualité, et qui pis est, les aucunes à leurs
« valets. Nous avons déclaré et déclarons tous
« dons et avantages, qui par lesdites veuves ayans
« enfants de leurs premiers mariages, seront faits
« à telles personnes sous couleur de donation,
« vendition, association à leur communauté, ou

« autre quelconque, nuls, de nul effet ou valeur :
« et icelles femmes lors de la convention de tels
« mariages, avons mis et mettons en l'interdiction
« de leurs biens, leur défendant les vendre, ou
« autrement aliéner en quelque sorte que ce soit,
« et à toutes personnes d'en acheter, ou faire avec
« elles autres contrats par lesquels leurs biens
« puissent estre diminuez : déclarons les dits con-
« trats nuls et de nul effet et valeur. »

DROIT INTERMÉDIAIRE.

243. Ici, comme dans l'ordre politique, comme
dans la plupart des branches du droit civil, la ré-
volution de 1789 apporta son génie novateur et
radical.

244. La Convention, par une première loi du 5
brumaire an II, limita le disponible entre époux
à la moitié en usufruit, dans le cas d'existence d'enfants (Art. 2), et annula les donations entre-vifs
postérieures au 14 juillet 1789 ; quelques mois
après, le 17 nivôse an II, une seconde loi repro-
duisit cet injuste principe de rétroactivité :

ART. I. « Les donations entre-vifs faites depuis
« et compris le 14 juillet 1789, sont nulles. —

« Toutes celles au même titre, légalement faites
« antérieurement, sont maintenues. — Les insti-
« tutions contractuelles, et toutes les dispositions à
« cause de mort, dont l'auteur est encore vivant
« ou n'est décédé que le 14 juillet 1789 ou depuis,
« sont nulles, quand même elles auraient été faites
« antérieurement. »

245. On peut, à bon droit, reprocher à cette loi
d'avoir brisé trop brusquement l'ancienne constitution de la famille, et surtout d'avoir violé des
droits résultant de conventions légalement formées, dans un but d'application rigoureuse du
principe de l'égalité des partages (1). Mais on ne
peut pas se dissimuler que c'est cette loi de nivôse
qui a renversé les priviléges d'aînesse et de mas-
culinité et les divers ordres de succession des dispositions coutumières ; par ces innovations elle a
ouvert la voie que le Code Napoléon a suivie, sans
dépasser toutefois les limites de la prudence et de
la justice.

246. Les époux ne furent pas soumis à la règle
générale ; l'art. 13 de la même loi excepta de
l'application de l'art. 1 « les avantages *singu-*
« *liers ou réciproques* stipulés entre les époux

(1) Un décret du 8 floréal an III vint bientôt suspendre toute
action intentée, toute procédure commencée par suite de cet effet
rétroactif, et une loi du 18 pluviôse an V rétablit les dispositions à
titre gratuit supprimées par la législation de l'an II.

« encore existants, soit par leur contrat de
« mariage, soit par des actes postérieurs; » la
quotité disponible resta limitée à la moitié de la
jouissance au cas de survivance d'enfants. Dès lors
une législation uniforme remplaça les diversités
coutumières, toutes plus ou moins restrictives des
libéralités entre époux, en abolissant leurs gains
de survie, tels que le douaire, l'augment de dot.

247. Cette suppression amena une foule de questions d'interprétation qui se comprennent parfaitement en présence de deux théories aussi dispa-
rates, dont l'une veut amener l'unité, tandis que
l'autre se multiplie sous des faces diverses. Cependant on ne voyait, en somme, dans la loi de l'an II,
qu'une disposition des.inée à détruire les entraves
accidentelles apportées à la faculté de s'avantager
pendant le mariage. Ainsi on décidait généralement
qu'une donation mutuelle entre époux, sous la loi
de nivôse, était valable, même dans les pays
où la coutume prohibait cette espèce d'actes, à la
condition d'observer les formalités locales relatives
à l'essence même des conventions et à la capacité
des personnes (1).

248. Un point plus controversé c'est celui de déterminer le caractère du don mutuel : sans doute,
lorsque le don mutuel portait sur des biens pré-

(1) Merlin, *Quest. de dr* , v° *Don mutuel.*

sents, le caractère de donation irrévocable n'était
pas douteux; mais il y avait plus de difficulté pour
le cas où la libéralité comprenait les biens que le
prémourant laisserait à son décès. Certaines cours
ont décidé que c'était là une donation à cause de
mort, non soumise à insinuation, sujette à la révocation et à la caducité (1); mais cette théorie, qui
semble assez régulière, car la loi de nivôse n'a pas
entendu en facilitant les dons mutuels rendre irrévocables des libéralités essentiellement révocables sous l'ancien droit, a été rejetée depuis par la
cour de cassation. Plusieurs arrêts ont admis que
toute donation mutuelle entre époux, même de
biens à venir, constituait, sous l'empire la loi de
de nivôse, une donation irrévocable, un contrat
commutatif, ne pouvant être détruit que par le
consentement réciproque qui l'a formé (2).

(1) Paris, 6 janv. 1806; Rej., 20 juill. 1836.
(2) Cass. 22 mars 1841, 24 déc. 1844.

TROISIÈME PARTIE.

DROIT FRANÇAIS MODERNE.

---

240. Nous allons étudier les principes qui régissent, sous le Code Napoléon, la donation entre époux, en limitant notre sujet aux conventions intervenues *pendant* le mariage. Nous nous occuperons spécialement du contrat en lui-même, envisagé sous le rapport de ses effets et des conditions de validité établies par le législateur ; et, sans entrer dans le détail des questions de réduction que soulèvent les combinaisons de la quotité disponible du chapitre III avec celle du chapitre IX, nous nous contenterons d'examiner le disponible spécial aux époux, au point de vue de sa détermination.

CHAPITRE Ier.

DONATIONS DIRECTES.

SECTION Ire.

Nature des donations entre époux pendant le mariage. Conditions de validité.

—

§ 1er. — *Nature de l'acte.*

250. Bien des systèmes ont été émis sur la nature des donations entre époux; le caractère de révocabilité que la loi leur attribue a fait naître des appréciations diverses constituant autant de théories que nous allons examiner successivement.

251. 1re *Théorie.* — Les donations entre époux, par leur révocabilité, deviennent de véritables donations à cause de mort ; aussi l'art. 1096 a-t-il soin de dire : « quoique qualifiées entre-vifs, » ce qui indique chez le législateur le dessein de prévenir l'influence d'une désignation non conforme à la réalité(1). Ce système se comprend difficilement en présence de l'art. 893 qui n'admet que deux

(1) Merlin, *Répertoire,* v° Donation, sect. 9, Toullier, t. 8, n° 11.

manières de disposer « *par donation entre-vifs, et* « *par testament,* » excluant, par cela même, la donation à cause de mort.

252. C'est avec grande raison que les rédacteurs de notre Code n'ont pas voulu exhumer ce mode de disposer à titre gratuit. Il suffit de jeter un coup d'œil sur Ricard pour se convaincre de l'incertitude des diverses appréciations de la donation à cause de mort. Certains jurisconsultes y voyaient une sorte d'expédient : ils admettaient, par exemple qu'une donation entre-vifs imparfaite, soit parceque la règle *donner et retenir ne vaut* n'avait pas été observée, soit parce que le donateur avait contracté dans le cours de la maladie dont il était mort, pouvait valoir comme donation à cause de mort (1). Si de l'interprétation nous passons au texte de la loi, nous voyons que dans les pays de coutume (et l'art. 277 de la coutume de Paris est l'expression de cette idée, comme le prouve Ricard, n° 63) on ne reconnaissait que deux manières de disposer à titre gratuit : 1° par testament; 2° par acte entre-vifs. Les donations à cause de mort étaient complétement assimilées aux libéralités testamentaires et quant à la forme et quant au fond (R., n° 61) : la seule diffé:ence consistait en ce que la donation à cause de mort suppose une

---

(1) Ricard, n°s 38 et 39.

convention, un contrat, *præsens præsenti dat*, ce qui ne se rencontre pas dans les legs. Dans les pays de droit écrit, la confusion n'était peut-être pas aussi complète (R., n° 82); mais, depuis l'ordonnance de 1731 qui, dans son art. 3 disposait : « Qu'il n'y « ait à l'avenir que deux formes de disposer de ses « biens à titre gratuit, dont l'une sera celle des do- « nations entre-vifs, et l'autre celle des testaments « ou codicilles », on peut dire que la donation à cause de mort n'existait que de nom. Pour ce qui est plus particulièrement des libéralités entre époux, c'étaient les formalités des donations entre-vifs qui étaient requises (Art. 46).

253. Quant aux mots « Quoique qualifiées en- « tre-vifs » ils s'expliquent tout naturellement par la fin de l'article : « seront toujours révoca- « bles » (Art. 1096).

254. 2me *Théorie.* — Les donations entre époux forment une classe intermédiaire qui participe tout à la fois des donations entre-vifs et des donations testamentaires. Elles ont un caractère mixte ; elles impliquent des règles différentes suivant que le point de vue sous lequel on les envisage les rappro- che de l'acte entre-vifs ou de l'acte testamentaire. Ce système d'éclectisme, soutenu par M. Troplong (n° 2640), laisse à l'intelligence du jurisconsulte une indépendance trop absolue, puisque c'est lui qui doit déterminer si la question soumise à son

interprétation comporte l'application de telle ou
de telle autre règle. Autant d'hommes, autant
d'appréciations différentes.

255. 3ᵉ *Théorie.* — Ici nous rencontrons une
distinction : si la donation porte sur des biens
présents, comme il y a saisissement actuel, il y a
évidemment donation entre-vifs ; si, au contraire,
elle porte sur des biens à venir, elle n'a que le caractère et les effets d'un testament (1). Nous ne
croyons pas qu'il soit possible d'admettre l'idée de
deux catégories de libéralités permises aux époux :
la loi n'autorise qu'une espèce d'acte à titre gratuit, la donation entre-vifs de l'art. 1096.

256. Sans doute, les époux peuvent se donner
leurs biens à venir, mais c'est une conséquence du
renvoi de l'art. 947, et jamais, par ce renvoi, le
législateur n'a songé à établir une réglementation
spéciale des donations de biens à venir pour le cas
où le donateur serait un conjoint. On dira que le
fait doit dominer l'intention présumée du législateur, mais le fait n'existe pas ; il n'est pas exact
de dire que les donations des biens à venir entre
époux sont en réalité des libéralités testamentaires ;
c'est là un point que nous chercherons à déterminer un peu plus loin. De plus, ce troisième sys-

(1) Duranton, nᵒ 778 ; Merlin, *Questions*, vᵒ *Révoc. de don*,
§ 1.

tème a le tort de rappeler la donation à cause de mort de l'ancien droit, qui n'est autre qu'une donation testamentaire contractuelle; or c'est là précisément le caractère de la donation de biens à venir entre époux, assimilée à une disposition par testament.

257. 4e *Théorie.* — Que la donation soit de biens présents ou de biens à venir, elle constitue dans tous les cas un acte entre-vifs comportant les règles propres à ce genre de libéralités, sauf les dérogations légales. Cette décision est la conséquence de l'art. 893 qui n'admet que les donations entre-vifs et testamentaires, du moment que nous rejetons l'assimilation des libéralités entre époux avec ces dernières (1). Examinons si, en fait, cette théorie se justifie complétement, en raisonnant dans l'hypothèse d'une donation de biens à venir : c'est là le cas qui présente le plus de difficultés, puisque à la révocabilité il faut ajouter, comme point de ressemblance avec une disposition testamentaire, ce caractère que l'acte ne produit effet qu'au jour du décès du donateur.

258. Une donation même de biens à venir suppose un contrat, c'est-à-dire une discussion, un débat, une stipulation suivie d'une promesse conforme,

---

(1) Coin-Delisle, (Art. 1096-1); Req. 5 avr. 1836, 12 avr. 1843.

præsens præsenti donat. Au jour où les volontés du donateur et du donataire ont concouru, il y a eu au profit du premier transmission, saisissement d'un droit. Ce droit est incertain quant à sa valeur puisqu'elle dépend de l'avenir, mais ce n'en est pas moins un droit, qui appartient au stipulant jusqu'à ce qu'il lui soit enlevé par une volonté légalement formée, et qui viendra frapper immédiatement, sans délivrance, les biens existants au jour du décès. Ce caractère de contrat donne à la libéralité un certain cachet d'irrévocabilité : malgré lui, le donateur est moins facilement disposé à briser un acte dont il n'est pas complétement le maître, un accord de volontés qui est l'œuvre de deux personnes, qui s'est produit au grand jour, qui a été entouré de formes solennelles. Ajoutons la présence de l'époux donataire qui surveille son droit et saura, le plus souvent, prévenir une révocation. Tels sont les caractères d'une donation de biens à venir entre époux.

280. En matière de donation testamentaire, il n'en est plus de même. Le testament se fait, presque toujours, dans le silence du cabinet, sans influence directe, présente ; et lors même qu'il est public, il émane de la volonté d'un seul, du testateur: ce dernier en est donc le maître, il peut l'annuler à son gré, avec la plus grande facilité, sans hési-

tation, car il n'a rien promis, il ne s'est engagé vis-à-vis de personne. Jusqu'au décès, la volonté du disposant est essentiellement variable et ambulatoire, et ce n'est qu'à ce moment qu'il peut y avoir pour le légataire un certain droit résultant de ce que le testateur a persévéré dans son intention libérale. Aussi la délivrance doit-elle être demandée; et si, par exemple, le *de cujus* était devenu incapable de transmettre par la perte de la jouissance de ses droits civils (1), le légataire ne pourrait rien réclamer, puisqu'il n'y a pour lui rien d'acquis.

260. En résumé, la révocabilité des donations entre époux n'est pas identiquement la même que celle des dispositions testamentaires; les premières sont plus stables, moins fragiles, et c'est là le résultat du caractère de contrat qui leur est attribué. Dès le jour de la convention, le conjoint est donataire, il y a pour lui un droit acquis sauf révocation formelle, et le donateur est lié plus intimement vis-à-vis de lui. Au contraire, la personne gratifiée par un testament n'est donataire qu'à la condition du maintien de la libéralité jusqu'au jour du décès. — Reconnaissons donc aux donations entre époux, la nature *d'actes entre-vifs* comportant l'application des principes qui réglèmentent cette classe de libéralités.

_____

(1) Voir loi du 3 mai 1884, art. 3.

261. Ainsi, pas de demande en délivrance, comme nous l'avons déjà fait observer ; par l'effet seul de la convention, le donataire est saisi des droits qui sont l'objet de la libéralité. Si ce sont des biens présents, il en jouit immédiatement dès que le donateur le laisse se mettre en possession. Si ce sont des biens à venir, son droit, en suspens jusqu'au décès, se réalise à ce moment et porte sur les biens que détermine la mort du donateur ; mais les héritiers n'ont pas besoin d'intervenir, le donataire met de lui-même son droit en exercice, et la jouissance des fruits et intérêts court, *ipso facto*, à son profit, dès le jour du décès (1).

262. Ainsi encore, la donation une fois parfaite, la chose donnée sort du patrimoine du donateur et échappe à l'action de ses créanciers, en dehors du cas de fraude, tant qu'elle n'y rentre pas par la révocation. Du reste, il faut observer que l'époux donataire des biens meubles et immeubles que son conjoint pourrait laisser à son décès, est un héritier contractuel, et qu'à ce titre il est obligé de prendre les biens dans l'état où ils se trouvent lors de l'ouverture de la succession, et de contribuer aux dettes à raison de son émolument.

263. Une dernière conséquence de la nature d'acte entre-vifs que nous reconnaissons aux dona-

(1) Troplong, n° 2660 ; Zachariæ, t. 5, p. 551.

tions entre époux, c'est qu'elles doivent être réduites à leur date, après l'épuisement des legs.

§ II. — *Conditions de capacité et de forme.*

264. — I. *Capacité.* Une question a été soulevée au sujet du mineur de seize ans. On s'est demandé si le mineur de seize ans, déclaré incapable de disposer à titre gratuit autrement que par contrat de mariage (Art. 903), et par testament sous certaines conditions (Art. 904). était frappé de la même incapacité en ce qui concerne les donations qu'il prétend faire à son conjoint. On a prétendu que l'art. 1096, en autorisant les donations entre époux pendant le mariage, ne fait aucune distinction entre l'époux majeur et l'époux mineur, que l'inconvénient résultant de la facilité de la coaction est amplement compensé par le droit de révocation, que les donations de l'art. 1096 sont des libéralités à cause de mort participant de la nature des dispositions testamentaires, et que dès lors il n'y a aucune raison pour rendre le mineur inhabile à consentir des donations au profit de son conjoint, conformément à l'art. 1095 (1).

265. Pour nous, nous préférons l'opinion contraire. Sans nous occuper du dernier argument que

(1) Vazeille, art. 904, no 2; Delvincourt, t. 2, p. 197, no 9.

nous avons déjà réfuté (n° 252), nous ferons observer que la capacité établie par l'art. 1095 au profit du mineur est une capacité anormale se justifiant par la faveur des mariages que décident souvent les avantages dont les futurs se gratifient : l'exception doit être rigoureusement renfermée dans le cas spécial auquel elle se rattache. Lorsque les contractants sont des *époux*, au lieu de provoquer les libéralités, on doit se prémunir contre une générosité irréfléchie. Sans doute, le mineur peut tester ; mais, comme le fait observer M. Troplong (n° 2045), « dans le testament le mineur agit seul « et mystérieusement ; on peut dès lors supposer « facilement qu'il n'a obéi qu'à lui-même ; dans « une donation qui se fait à deux, il faut toujours « craindre et présumer la coaction de la part de « l'autre contractant. » De plus, le mineur est moins lié par un testament que par une donation, quelque révocable qu'elle soit : il déchirera facilement un acte qui n'émane que de lui, mais il lui faut une décision plus prononcée pour briser une convention légalement formée, et formée au grand jour. Le mineur ne peut donner à son conjoint que par testament, en se conformant à l'art. 904 (1).

226. — II. *Formalités*. Il suffit de nous reporter, du moins en thèse générale, aux art. 931 et suiv.

(1) Coll. Delisle, art. 904, n° 16 ; Marcadé, art. 904, n° 1.

Les donations entre époux exigent un acte notarié, rédigé en minute, et contenant la mention expresse de l'acceptation : l'art. 1087 ne peut s'appliquer ici ; aussi un arrêt de Rennes du 20 mars 1841 a-t-il décidé que l'autorisation du mari donateur, jointe à sa présence lors du contrat, ne peut pas suppléer une acceptation expresse du conjoint donataire.

267. L'état estimatif du mobilier doit être également exigé, à peine de nullité, du moins pour les biens présents ; ce n'est pas seulement, en effet, une formalité destinée à assurer l'irrévocabilité, c'est encore un moyen de déterminer les bases de la réduction ou du rapport (Art. 868). Au contraire pour les biens à venir, l'état estimatif n'aurait aucune utilité, puisqu'il n'y a rien de transmis actuellement et qu'il est impossible de dresser un état d'objets qui n'existent peut-être pas encore (1).

268. Quelques auteurs ont prétendu que les donations entre époux devaient être dispensées de la transcription jusqu'au décès du donateur, en basant leur décision sur ce que la faculté de révoquer laisse ce dernier maître d'aliéner le bien donné, de le grever d'hypothèques ou autres droits réels au détriment de son conjoint donataire ; le dessaisissement absolu étant impossible, la trans-

(1) Troplong, n° 2651 ; Zacharlie, t. 8, p. 846, notes 7 et 8.

cription se trouve sans utilité (1). Cette théorie peut être vraie pour les biens à venir, puisqu'on ne connaît pas la situation des immeubles qui se trouveront dans la succession ; mais il faut reconnaître que, pour les biens présents, la transcription présente une certaine importance : ainsi elle empêchera les immeubles donnés d'être saisis par les créanciers chirographaires ; elle les soustraira aux hypothèques nées postérieurement à l'acte sans la volonté du donateur, c'est-à-dire aux hypothèques légales et judiciaires.

269. Moyennant l'accomplissement de ces formalités, les époux peuvent se faire telle donation qu'ils jugeront à propos. Nous n'avons pas ici, comme pour les donations par contrat de mariage, une disposition formelle (Art. 1001) ; mais les termes de l'art. 947 sont assez explicites pour ne laisser aucun doute à cet égard, et il est généralement admis que les époux peuvent se faire, en toute liberté, des donations de biens présents, de biens à venir, de biens présents et à venir ; les donations sous des conditions potestatives sont également autorisées. Il faut étendre aux conjoints les dispositions des art. 1082 et suiv. relatives à chacune de ces diverses espèces de libéralités.

(1) Duranton, n° 509 ; Troplong, n° 2652.

SECTION II.

Effets de la donation.

—

§ 1. *Révocabilité.*

270. Comme nous l'avons déjà fait pressentir, la saisine du donateur est loin d'être définitive. La loi craint, avec raison, l'ascendant ou la séduction ; elle veut que le mariage soit un échange de bons procédés, une suite de témoignages d'affection réciproque : aussi permet-elle à l'époux donateur de revenir sur sa libéralité, soit lorsque son consentement surpris sera devenu plus libre, soit lorsqu'il rencontrera chez son conjoint des marques d'ingratitude. Cette révocabilité des donations entre époux, qui est la première garantie de leur sincérité, est complète, absolue, dégagée de toute entrave : la femme n'a pas besoin de l'autorisation de son mari pour révoquer (Art. 1006), et des dispositions spéciales préviennent les fraudes qui voudraient tourner les précautions de la loi (Art. 1099). Le droit de révocation s'exerce indépendamment de toute raison bonne ou mauvaise ; il n'a d'autre règle que la volonté du disposant ; et, s'il rencontre quelque obstacle, ce ne peut être que dans la conscience du donateur, qui ré-

pugnera, le plus souvent, à briser un acte solen-
nellement contracté, à enlever le bénéfice d'une
libéralité publiquement accordée, et ne se résoudra
à déchirer l'écrit que pour des causes sérieuses.
Révocables *ad nutum*, les donations entre époux
dépendent du caprice du donateur, mais elles ont,
pour garantie de leur maintien, le fait du concours
des volontés de deux personnes unies par le lien
du mariage (1).

271. Le principe de la révocabilité est d'ordre
public ; il exclue par conséquent toutes renoncia-
tions ou déclarations contraires, même contenues
dans le contrat de mariage ; il constitue aussi un
statut réel comme moyen d'assurer la régulière
transmission des biens donnés; et à ce titre il doit
s'appliquer à tous les immeubles situés en France.
Quant à l'action, elle est éminemment personnelle,
et ne peut être intentée par les créanciers de l'é-
poux donateur (2).

272. Puisque la révocabilité garantit la sincérité du consentement, il faut déclarer nulle une
convention par laquelle les époux renonceraient à
s'avantager pendant le mariage ; c'est là une promesse contraire à leur liberté et même à leur intérêt, qui n'est nullement engagé du moment qu'ils

(1) Voir M. Demolombe, *Rev. crit. de Jurisp.*, 1851, t. I,
p. 481 et suiv.
(2) Limoges, 1er fév. 1810.

peuvent changer de volonté. Pour qu'il y eût un
intérêt, et par suite un lien de droit, il faudrait
supposer une personne au profit de laquelle a lieu
la renonciation, et alors ce serait, le plus souvent,
un pacte sur une succession future (Art. 1130).

273. — I. *Causes générales de révocation.* —
Nous allons rechercher s'il y a lieu d'appliquer aux
donations entre époux certaines causes de ré cation portées pour toute espèce de libéralité.

274. 1° Survenance d'enfants. — L'art. 1006
dispose formellement : « Ces donations ne seront
« point révoquées par la survenance d'enfants. »
L'exception s'explique d'elle-même.

275. 2° Ingratitude du donataire.—Il semblerait
que cette cause de révocation est inutile ici, puisque le donateur est maître de révoquer à son gré ;
mais elle peut présenter de l'intérêt pour les héritiers, ou pour le donateur lui-même, si son interdiction le met hors d'état d'avoir légalement sa volonté propre (1). La question de savoir si l'on doit
embrasser dans l'art. 950 les donations entre
époux ne s'est présentée, chez les auteurs comme
devant les tribunaux, que pour les libéralités par
contrat de mariage. Les uns et les autres se sont
divisés sur l'interprétation de ces mots : « en fa-
« veur *du mariage,* » et, après bien des dissenti-

(1) Marcadé, 1096, 4.

ments, si les auteurs sont restés séparés, la jurisprudence a fini par adopter une seule théorie, celle
de la non-extension de l'art. 959 aux donations
entre futurs conjoints (1).

276. Au point de vue de notre sujet, la question
n'offre, on peut le dire, aucune difficulté. Il est
évident que les donations consenties *constante matrimonio* peuvent être révoquées pour cause d'ingratitude, par exemple par les héritiers du donateur. En effet, l'exception de l'art. 959 s'explique
par une faveur toute spéciale pour les enfants ou
pour le conjoint du donataire : la loi n'a pas voulu
faire retomber sur eux les conséquences de la faute
du donataire direct; il·eût   injuste de les priver du bénéfice de libéralités nant de personnes
étrangères, et qui sont destinées à leur profiter
dans une certaine mesure. C'est là une disposition
générale, absolue, quoique partant d'une idée qui
n'est pas toujours fondée, puisque l'union peut
être stérile, et que le conjoint peut mourir le premier.

277. Au contraire, lorsqu'il s'agit de donations
que des époux se font entre eux, au moment ou
après la célébration du mariage, il est indifférent
pour les enfants que les objets donnés demeurent
la propriété de l'un de leurs parents plutôt que de

(1) Lyon, 1 mars 1882; Cass. 10 mars 1886.

l'autre, puisqu'ils sont appelés à les recueillir dans
la succession de celui qui les possédera au moment
de sa mort. Dès lors, subsiste dans toute sa force
la raison d'équité qui ne permet pas à l'époux ingrat de conserver une chose qu'il avait reçue de
son conjoint comme témoignage d'une affection
qu'il a trahie. Je dirai plus, l'intérêt des enfants
exige qu'une action en révocation pour cause d'ingratitude intentée par les héritiers ou par le tuteur,
supplée à l'incapacité où peut se trouver le donateur de révoquer par lui-même, soit parce qu'il est
mort, soit parce qu'il est interdit. Les biens donnés
courent des dangers entre les mains de l'époux qui
a oublié ses devoirs : coupable vis-à-vis de son
conjoint, il peut l'être aussi vis-à-vis de ses enfants;
leur intérêt demande que l'on garantisse contre
une mauvaise gestion ce qui devait leur revenir
du chef du donateur (1).

278. Toute l'argumentation des auteurs qui éten-
dent l'art. 959 aux donations par contrat de
mariage, repose sur ce que les mots *en faveur du
mariage* sont généraux, embrassent toutes les libéralités consenties à l'occasion du mariage (Art. 960,
1088. — Art. 39, ord. de 1731), et sur ce que une
donation entre futurs époux « est présumée avoir
« été provoquée et déterminée à raison du ma-

(1) Coin-Delisle, art. 959, 5; Proudhon *Ann.* par M. Valette,
t. 1 p. 844.

« riage ; qu'elle en a été une condition ; qu'elle
« doit si bien être regardée comme une donation
« faite en faveur du mariage, qu'elle a des privi-
« léges particuliers que n'ont pas les autres dona-
« tions » (1). Or, même en admettant que cet argument soit décisif pour l'application de l'art. 959
aux donations entre futurs conjoints, rien de tout
cela n'est vrai pour les donations faites *constante*
matrimonio; postérieures au mariage, elles ne
peuvent pas être dites faites en sa faveur.

279. Il est donc certain que les héritiers du donateur peuvent intenter contre le donataire une
action, en révocation pour cause d'ingratitude ;
mais ils devront se conformer à l'art. 957 ; ils
n'auront le droit de poursuivre que si le donateur
est décédé dans l'année du délit. L'année du délit
variera, suivant que le donateur l'aura ou ne l'aura
pas connu ; le donateur a-t-il eu connaissance du
délit, les héritiers n'ont que ce qui reste à
courir de l'année utile au moment du décès ;
est-il mort dans l'ignorance, ils ont, pour agir,
une année à partir du jour où ils ont connu ou
pu connaître le fait d'ingratitude, que le donateur soit décédé ou non dans l'année du
délit. D'après M. Coin-Delisle (2) « si le dona-

(1) Merlin, *Quest.*, v° *Sépar. de corps,* p. 681.
(2) Art. 957, 13.

« teur mourait après l'année du délit, et que le
« délit ou son auteur restât inconnu, les héritiers
« qui en feraient [la découverte ne pourraient de-
« mander la révocation ; » ce système nous paraît
inadmissible : car, si la loi limite à un an l'action
en révocation, c'est que, à l'expiration de ce délai,
elle suppose le pardon ; or le donateur n'a jamais
pu pardonner une offense qu'il ignorait complète-
ment. En d'autres termes, l'année du délit du second alinéa de l'art. 957 est la même que celle du
premier. Il y a lieu d'appliquer aussi les art. 955
et 956, et même l'art. 958, sous la réserve de la
distinction établie plus loin (N: 291).

Pour le cas où la poursuite en révocation serait
nécessitée par l'incapacité du donateur de manifester sa volonté, l'action appartiendrait au tuteur comme représentant des intérêts de la
famille.

280. 3° Inexécution des conditions. — Même
théorie que pour le cas d'ingratitude. L'action est
possible, s'il y a intérêt (Art. 954).

281. — II. *Cause spéciale de révocation.* — La
cause n'est autre qu'un changement de volonté :
le donateur n'a d'autre loi à suivre que son caprice.
Cette liberté absolue est la meilleure garantie de
la sincérité de la donation et du maintien de la
paix du ménage. La révocation peut être expresse
ou tacite.

282. 1° Révocation expresse. — A défaut de règles spéciales au sujet qui nous occupe, il faut nous reporter aux dispositions établies en matières de testaments, et rechercher si leur application ne doit pas s'étendre aux donations entre époux, par suite du même caractère de révocabilité. L'article 1035 indique deux espèces de révocations : par acte notarié, et par un testament postérieur. L'époux qui veut révoquer peut employer, à son choix, l'un ou l'autre de ces deux moyens : s'il a recours à un acte notarié, il devra se conformer aux formalités prescrites par la loi du 25 ventôse an XI et par celle du 21 juin 1843 (Art. 2) ; s'il veut prendre la voie du testament olographe ou authentique, il se soumettra aux règles particulières à ce genre de disposition.

283. A ce sujet la question s'est élevée de savoir si un simple acte olographe ne pourrait pas suffire, sans qu'il fût nécessaire d'exiger les formes testamentaires ; on a prétendu que, dans le silence de la loi, un changement de volonté clairement exprimé était assez fort pour opérer révocation (1). Cependant il est assez difficile d'admettre qu'on laisse ainsi à l'arbitrage du juge la révocation des donations entre époux, qu'un acte entre-vifs qui a saisi immédiatement le bénéficiaire soit plus faci-

(1) Coin-Delisle, 1096, 15.

lement brisé qu'un testament. La garantie contre
les influences extérieures doit être au moins aussi
sérieuse dans les deux cas, et nous ne voyons pas,
dès lors, pourquoi on serait plus large qu'en matière de libéralités testamentaires. A notre sens, on
doit suivre l'art. 1035 : pour révoquer une donation entre époux, il faut que l'acte où le changement de volonté se trouve consigné soit un acte
testamentaire, rédigé dans les formes qui lui sont
propres (1).

284. Ce n'est pas à dire pour cela qu'une simple
déclaration olographe, conforme à l'art. 970, n'aurait aucune valeur, parce qu'elle ne renfermerait
pas de disposition. L'acte emprunte ici sa force ré-
vocatoire aux formalités dont il est revêtu : apte à
renfermer une libéralité, il est par cela même
apte à enlever une libéralité déjà accordée ; et, si
par lui-même il ne pouvait pas exprimer un changement de volonté, ce ne serait pas la disposition
d'un objet minine, d'une somme exiguë, qui pourrait lui faire produire l'effet demandé.

285. 2° Révocation tacite. — Les art. 1036 et
1038, auxquels il faut nous reporter, présentent
deux catégories de révocation tacite :

286. La révocation de la donation peut résulter

---

(1) Marcadé, 1096, IV, Troplong, no 2665 ;—Voir loi 21 juin
1843 (Art. 2.).

d'une disposition postérieure, incompatible ou contraire (Art. 1036). Ce sont là autant de questions de fait, laissées complétement à l'appréciation du juge : c'est à lui qu'il appartient de les décider. Nous ne voyons également qu'une question dépendant des circonstances dans le point de savoir si le retrait d'une révocation fait revivre la première disposition.

287. La révocation peut encore résulter d'un acte d'aliénation, ou plutôt de la volonté d'aliéner suffisamment manifestée (Art. 1038). Une vente sous condition résolutoire, telle qu'une vente à réméré, produirait le même effet ; mais il en serait autrement d'une vente sous condition suspensive. La révocation doit suivre le sort de l'acte dont elle dérive : si la condition ne s'accomplit pas, comme il n'y aura jamais eu aliénation ni en fait ni en droit, la libéralité sera maintenue. Il est évident qu'ici l'intention de révoquer n'a été, dans l'esprit du donateur, qu'un projet sans réalisation : l'époux n'a entendu revenir sur sa libéralité que dans l'hypothèse où l'événement prévu s'accomplirait (1). La règle ne serait pas la même, s'il s'agissait d'une donation de biens à venir ; l'aliénation d'un ou de plusieurs objets compris dans la libéralité n'emporterait pas révocation : le dona-

(1) Marcadé, art. 1038.

taire investi, non plus d'un corps certain, ce qui est le cas de l'art. 1038, mais d'une universalité, conserverait le droit de réclamer le prix de la vente.

288. On ne peut voir une révocation, ni dans la vente forcée de l'objet donné, parce qu'elle n'indique pas, de la part du donateur, l'intention d'anéantir sa libéralité, ni dans la constitution d'une hypothèque. La concession d'un droit réel sur un bien n'est qu'une mesure temporaire destinée à faciliter le crédit de l'emprunteur, et pouvant n'attaquer en rien l'intégrité de l'immeuble grevé ; ce n'est pas, à proprement parler, une aliénation devant faire supposer que le donateur a voulu priver son conjoint de la donation qu'il lui avait consentie. Le seul point qui fasse difficulté, est celui de savoir s'il y aura révocation jusqu'à concurrence de la dette hypothécaire. M. Troplong (N° 2668) pense que la dette est à la charge du donataire, et que, s'il est exproprié, il n'aura droit qu'à réclamer l'excédant du prix d'adjudication sur le montant des créances inscrites. Nous préférons l'opinion qui applique l'art. 1020 : les héritiers ne seront pas obligés de dégrever l'immeuble ; c'est le donataire qui sera poursuivi, puisqu'il détient (Art. 2168), mais il pourra se faire indemniser par les héritiers de ce qu'il aura été obligé de payer ; et son action sera garantie par une subrogation légale aux droits des créanciers désintéressés (Art. 874).

289. Nous ne voyons pas non plus une révocation dans le fait seul d'avoir contracté des dettes postérieurement à la donation, du moins lorsque le donateur n'a entendu conférer à ses créanciers aucun droit ni aucune garantie sur les objets donnés : ces objets n'existent plus dans le patrimoine du donateur, dès le jour de la convention ; c'était aux intéressés à prendre leurs garanties. Il en serait de même des donations postérieures qui entameraient la quotité disponible : elles n'emporteraient pas révocation tacite et se réduiraient à leur date. Cette théorie n'est vraie que pour le cas où les époux se sont donné leurs biens présents : si la libéralité porte sur les biens à venir, il faut respecter les dettes contractées, et même les donations consenties postérieurement au profit d'étrangers, car l'on ne peut comprendre la conduite du donateur sans l'idée d'une révocation partielle : l'art. 1083 est inapplicable ici.

290. En ce qui concerne les effets de la révocation par rapport aux tiers-détenteurs des objets donnés, nous pensons que le donateur pourra les revendiquer si ce sont des immeubles, l'art. 2279 protégeant la possession des meubles. Le donataire n'avait sur ces biens qu'un droit éminemment résolutoire, dépendant du caprice de son conjoint: il n'a donc pas pu transmettre à ses ayants-cause un droit plus fixe, plus stable, *soluto jure dantis,*

solvitur jus accipientis. On ne peut pas appliquer
ici l'art. 958 qui met les tiers à l'abri de l'action
en révocation pour ingratitude; l'espèce n'est plus
du tout la même. Lorsqu'on veut acquérir un
bien, on recherche d'abord son origine, on étudie
la nature du titre de celui qui le détient, et l'on
ne donne son consentement qu'en connaissance
de cause, mais aussi on se soumet par avance
aux conséquences de droit qui sont dans l'ordre
régulier des choses. Un tiers qui achète un immeuble d'une personne qui le détient à titre de donation ne peut pas supposer que cette personne
sera ingrate vis-à-vis de son bienfaiteur, et ce serait le léser que de faire rejaillir sur lui la révocation de la donation (Art. 958) Voilà pour le droit
commun.—Mais si le vendeur est une personne ma-
riée, et que la chose vendue par elle provienne de
la libéralité de son conjoint, le tiers-acheteur connaît, ou du moins est supposé connaître l'instabi-
lité des donations entre époux : il doit savoir que
la loi accorde au donateur un droit absolu de révo
cation, et il n'a pas à se plaindre si ce droit est
exercé à un moment ou à l'autre.

291. L'art. 958 ne pourrait être appliqué que
si on se plaçait dans l'hypothèse où, le donateur
étant mort, il serait nécessaire à celui qui veut arriver à la révocation de la donation d'invoquer le
bénéfice de l'art. 957; et encore l'art. 958 ne pro-

tégerait que les ayants-cause postérieurs au décès
du disposant, qui ont contracté au moment où ils
pouvaient croire le droit du donataire solidement
établi : à partir de cette limite, on rentre dans le
droit commun.

§ 2. — *Caducité*. — *Question*.

292. En nous occupant de la révocabilité des donations entre époux, nous avons pu reconnaître
combien le droit transmis au donataire est fragile
et incertain, puisqu'il dépend de la volonté du donateur. Cependant la révocation n'a pas été considérée par tous les auteurs comme le seul événement qui puisse priver le donataire du bénéfice de
la libéralité qu'il a reçue. Outre le droit de retour
qui résulte d'une convention expresse (Art. 951),
on a vu dans le prédécès du donataire une cause
de caducité venant briser le contrat et remettre les
choses dans le même état qu'auparavant. La caducité n'a jamais été contestée pour les donations
de biens à venir : les art. 1089 et 1093 qui l'admettent à l'égard des donations par contrat de
mariage, doivent *à fortiori* s'appliquer ici où la
révocabilité est le caractère le plus saillant de la
libéralité ; mais le débat s'est engagé au sujet des
donations de biens présents. Parmi les auteurs, les
uns admettent la caducité d'une manière abso-

luc (1); les autres, partant du principe qu'il y a
saisine et que le bénéfice de la libéralité reste au
donataire tant qu'il ne lui a pas été enlevé, décident que le prédécès du donataire ne rend pas caduque la donation, et qu'elle est transmise aux
héritiers, sauf le droit de révocation qui appartient
toujours au donateur contre eux. C'est dans ce dernier sens que s'est prononcée la jurisprudence (2).

203. — I. Le système qui admet la caducité
met d'abord en avant une considération historique.

Lorsque le Code Napoléon s'est produit, il avait
devant lui deux législations, celle des pays de
coutume autorisant seulement les donations par
contrat de mariage irrévocables et non soumises
à la condition de survie du donataire, et celle des
pays de droit écrit appuyée sur le droit romain,
admettant au contraire les donations pendant le
mariage, à la condition qu'elles fussent révocables
et caduques par le prédécès du donataire. C'est
donc au droit écrit que nos rédacteurs ont emprunté leur théorie des donations consenties entre
époux *constante matrimonio*: ils ont dû l'em-
prunter avec tous ses caractères; et puisqu'ils ne
se sont pas expliqués sur la caducité, c'est qu'ils

(1) Pothier, *Contr. de mar.*, 495; Marcadé, art. 1096, 111;
Coin-Delisle, art. 1096, 6.
(2) Troplong, n₀ 2659; Zachariæ, t. 5, p. 553, n₀ 19; Limoges,
1ᵉʳ fév. 1840; Cass. 28 juin 1845.

ont entendu maintenir sur ce point l'ancienne doctrine.

294. L'on invoque ensuite le texte, la connexité
entre la caducité et la révocabilité qui semble résulter des art. 1080, 1092, 1003 et 1086. Du moment que le titre du donataire dépend de la volonté
du donateur, soit parce qu'il s'agit de donation
de biens à venir, soit parce que la donation a été
faite sous des conditions potestatives, il faut ajouter
cette conséquence assez logique de la fragilité du
droit conféré, que ce droit deviendra caduc par le
prédécès de celui qui a reçu et dont la mort équivaut ici à un changement de volonté chez le disposant. Les donations de biens présents de l'art.
1086 sont moins facilement révocables que celles
de l'art. 1096, et cependant elles sont caduques
par le prédécès du donataire (Art. 1089)!

295. Cette relation entre la caducité et la révocabilité est du reste une conséquence des caractères
de la donation entre époux, des circonstances au
milieu desquelles elle se produit. Dans un contrat
de mariage, la donation suppose un pacte par
lequel les futurs époux stipulent dans leur intérêt
et dans celui de leur famille ; au contraire, le mariage une fois contracté, la donation n'est plus
qu'un gage d'affection personnelle, un acte de
libéralité dans lequel le donateur voit son conjoint,
mais ne voit que lui. Ce n'est plus un moyen d'en-

richir un des époux au détriment de l'autre, c'est un contrat limité entre deux personnes dont l'une veut bien témoigner sa reconnaissance des soins, de l'attachement que l'autre lui a montrés. Le donateur se préfère son donataire, mais il ne peut pas se préférer les héritiers de ce dernier : et, si au jour de sa mort, le contrat devient définitif en saisissant irrévocablement le conjoint, c'est qu'il n'y a plus que des héritiers du côté du disposant.

296. Il est vrai que la caducité semble inutile en présence de la faculté de révocation, mais il faut encore que ce changement de volonté puisse se manifester : l'incapacité du donateur, en ne laissant d'autre voie ouverte que l'action en révocation pour ingratitude (N°° 275 et suiv.), qui suppose des circonstances exceptionnelles, amènerait le maintien d'une libéralité qui n'a peut-être plus sa raison d'être. Enfin les héritiers seront sous le coup d'une révocation éventuelle qui peut survenir à une époque très reculée et compromettre ainsi des droits presque légitimes par leur ancienneté.

297. — II. Ce système présente des arguments dont on ne saurait contester l'autorité : aussi n'est-ce pas sans de longues hésitations que nous avons cru devoir le rejeter pour admettre le principe de la non caducité. Nous avons en effet, dans ce sens, des raisons de décider tirées également de

l'histoire et du texte de la loi, mais nous avons surtout le caractère d'acte entre-vifs reconnu par nous à la donation entre époux pendant le mariage et qui entraîne forcément à ne pas exiger la condition de survie du donataire.

298. Au point de vue de l'histoire, il ne faut pas oublier qu'entre la législation des pays de coutume ou de droit écrit et le Code Napoléon se trouve la loi de nivôse an II, qui a profondément bouleversé les règles anciennes et amené l'assimilation des donations entre époux aux donations ordinaires en introduisant l'irrévocabilité : n'est-il pas dès lors tout naturel de penser que c'est au droit intermédiaire, à la législation la plus récente que les rédacteurs se sont référés. S'ils l'ont modifiée sous le rapport de la révocabilité, ils ont dû laisser subsister les autres effets que cette législation avait attribués aux donations entre conjoints, c'est-à-dire maintenir la saisine en n'admettant comme moyen de la faire cesser que le changement de volonté du donateur.

Du reste, nous ne voulons pas trop nous attacher à cette idée que le Code a entendu adopter, dans son ensemble, une théorie prise à telle ou telle période de notre ancienne législation. Le système de nos rédacteurs est un système d'éclectisme qui prend ses éléments partout où il les trouve, dans le droit national comme dans le droit romain. La raison historique est un bon auxiliaire à la condition de ne jamais servir d'argument absolu, de toujours rester en harmonie avec le texte et la pensée constitutive de la loi qu'elle vient éclairer. Or, ici, les textes invoqués dans la première opinion ne sont pas concluants.

299. La position de l'art. 1096 semble indiquer que le législateur, en permettant aux époux de se faire des libéralités, et cela sans déterminer les limites de cette faculté, s'en est rapporté aux dispositions précédentes qui régissent les donations entre futurs conjoints. Si les époux peuvent se faire, *constante matrimonio*, toutes les libéralités qui leur sont permises par leur contrat de mariage, ils doivent ne pouvoir le faire qu'aux mêmes conditions ; il faut donc compléter l'interprétation de l'art. 1096 par l'art. 1092, puisque le premier se réfère aux mêmes espèces de donations que celles exposées par le second.

300. On oppose que l'art. 1093 prononce la caducité de donations irrévocables quant au titre ; mais ce n'est pas une raison pour étendre cette disposition à des libéralités révocables, même lorsque ces libéralités portent sur des biens présents. La caducité de l'acte se détermine non pas d'après le caractère de révocabilité ou d'irrévocabilité que la loi y attache, mais d'après la nature des biens compris dans la donation. S'il s'agit de biens à

venir, la donation devient caduque par le prédécès du donataire, parce que, au moment où le droit se réalise, la personne sur la tête de laquelle il doit se fixer n'existe plus ; mais s'il s'agit de biens présents la saisine vient s'opposer à l'admission de la caducité. Aussi ne faut-il pas non plus invoquer l'art. 1086 : ou bien cet article suppose deux espèces de donations, les unes suspensives se rapprochant des donations de biens à venir et caduques par le prédécès (Art. 1089), les autres résolutoires opérant saisine *ab initio* et transmettant un droit qui ne peut être anéanti que du vivant du donateur (1); ou bien il déclare caduque seulement la partie de l'acte qui porte sur les biens réservés, parce que pour eux la donation est purement éventuelle ; dans les deux cas, il confirme cette idée que la caducité dépend de la nature des biens donnés.

Enfin on ne peut pas tirer de l'art. 1092 un argument *à contrario* en faveur de l'opinion que nous combattons : cet article forme opposition avec celui qui le suit et nullement avec l'art. 1096.

301. A toutes ces raisons de décider, tirées du texte de la loi, se joignent de puissantes considérations. Il n'est certainement pas exact de dire que la caducité et la révocabilité sont deux idées connexes, marchant de pair, ne se comprenant pas isolées ; ce sont, au contraire, deux effets bien dis-

(1) Marcadé, art. 1086.

tincts, ayant leur raison d'être particulière. En matière de donations de biens à venir par contrat de mariage, c'est-à-dire irrévocables quant au titre, la caducité vient suppléer à la faculté de révocation que la loi n'a pas admise; elle vient encourager le donateur à se dépouiller au profit de son conjoint, puisqu'il acquiert la certitude que, lui vivant, des étrangers ne recueilleront pas sa fortune. Mais, lorsque les contractants sont deux conjoints, le donateur n'a-t-il pas par devers lui un droit de révocation qui lui permet de reprendre ses biens quand il le voudra?

302. Le donateur peut, il est vrai, se trouver dans l'impossibilité d'exercer son droit de révocation; mais quel inconvénient y a-t-il à maintenir la libéralité si le conjoint n'est pas ingrat? C'était au donateur à stipuler le droit de retour, soit au moment de la convention, soit postérieurement en modifiant la première donation, s'il voulait être généreux pour son conjoint et pour son conjoint seul. Quant à la supposition d'une intention primordiale des contractants, elle est toute gratuite, et même elle peut être contraire à la volonté réelle du disposant; que, si l'on admet que le donateur puisse renoncer par la convention à la caducité, on arrive à annihiler la théorie de la loi, car cette clause deviendra une clause d'usage dans les contrats de donation entre conjoints.

On objecte l'inconvénient de ce droit de révocation qui viendra frapper les héritiers du donataire peut-être à une époque très éloignée, et jeter la perturbation dans des droits presque légitimes. Mais un danger lointain et seulement possible vaut encore mieux qu'un danger immédiat et inévitable.

303. Enfin, l'argument décisif c'est la saisine. Nous avons fait des donations entre époux des actes entre-vifs saisissant immédiatement le donataire, même lorsqu'elles portent sur des biens à venir. La conséquence forcée de cette théorie, c'est le maintien du droit conféré dans le patrimoine du donataire jusqu'à un événement qui vienne le lui enlever. Cet événement ne peut être qu'un changement de volonté légalement manifesté par le disposant (Art. 1096) : en dehors de la révocation, rien ne nous autorise à introduire un second mode d'extinction, la caducité.

304. Pour nous résumer, la loi n'a voulu qu'assurer la liberté des conjoints en leur permettant de revenir sur les actes qu'ils auraient consentis dans un moment de crainte ou de séduction. Pour atteindre ce but, l'art. 1096 n'a fait qu'une exception aux règles ordinaires de la donation entre-vifs ; il a déclaré les donations entre époux révocables. Cette dérogation suffisait pour arriver au résultat que le législateur s'était proposé, et la

caducité qui n'a aucune relation avec la pensée
de la loi serait une addition aussi inutile qu'arbitraire.

CHAPITRE II.

DONATIONS INDIRECTES.

—

305. Nous avons raisonné jusqu'ici dans l'hypothèse où l'acte qui intervient entre les conjoints est
un acte à titre gratuit pur et simple, sans aucun
mélange d'acte à titre onéreux : c'est le cas d'une
donation directe. Il nous reste à étudier la donation indirecte, l'hypothèse où les conjoints, pour
exercer leur générosité, ont recours à une voie
oblique, détournée, dont la conséquence est la
production d'effets de droit tout particuliers.

306. Cependant il ne faut pas se méprendre sur
la portée de cette expression : *donation indirecte*.
Prise dans son sens général, comme nous venons
de la considérer, la donation indirecte exprime un
genre : elle suppose la manifestation de la générosité par une voie médiate, que l'acte présente le
double caractère gratuit et onéreux, ou cache au
contraire son caractère réel d'acte à titre gratuit
sous une fausse apparence. C'est conformément à

cet ordre d'idées, que Pothier déclare prohibés
entre conjoints par la coutume de Paris les avantages indirects (1). Mais, dans notre matière, dans
l'explication de la théorie du Code, il nous faut envisager séparément les diverses espèces de libéralités dont la donation indirecte est le genre ; il
nous faut distinguer avec soin les donations indirectes proprement dites d'avec les donations déguisées sous l'apparence d'un contrat à titre onéreux ou faites par personnes interposées. Ce sont
deux espèces complétement différentes, et qui
supposent chacune l'application de règles toutes
spéciales.

307. Une donation indirecte proprement dite est
celle qui est la conséquence d'une convention licite
intervenue entre les parties sans intention de frauder la loi, et se présentant avec son nom et ses caractères réels. Dans une telle convention, l'avantage qui peut résulter pour un des contractants ou
pour un tiers est avéré, transparent ; il peut se
prouver soit par un simple rapprochement de dates
ou de chiffres, soit par la seule inspection des
termes mêmes de l'acte.

308. La donation déguisée, au contraire, se
cache sous un voile qui semble devoir la rendre

(1) Pothier, *des Donations entre mari et femme*, n°s 78 et
suiv.

impénétrable. Ce voile peut être une simulation d'acte à titre onéreux comme une interposition de personne, mais il constitue dans tous les cas une tentative de fraude, il indique l'intention coupable d'échapper aux règles plus sévères qui régissent les actes à titre gratuit. Tel serait le cas d'une vente sans prix, ou d'une reconnaissance d'apport non versé.

Cette distinction entre les donations indirectes et les donations déguisées n'a rien d'arbitraire. Le Code lui-même nous en indique le fondement, comme le prouve le rapprochement des art. 843, 853 et 854, 847, 840 et 918, et il nous semble qu'elle est conforme à l'état réel des choses et au raisonnement.

§ 1. — *Donations indirectes proprement dites.*

309. Résultat ostensible d'une convention légalement formée, la donation indirecte entre époux ne reçoit d'autre restriction que celle imposée par des droits que la loi entoure de toute sa protection, c'est-à-dire par les droits des héritiers réservataires. Ainsi un époux peut constituer une rente viagère au profit de son conjoint à un taux trop élevé (Art. 1970), former avec lui une association trop avantageuse pour l'un des deux, consentir une vente pour un prix inférieur dans les cas où

la loi a. l'... ce contrat (Art. 1595); il peut également renoncer à une succession pour en faire profiter son conjoint substitué : dans ces diverses hypothèses l'acte sera maintenu pour tout ce qui n'excédera pas la quotité disponible (Art. 1099).

A l'égard de la renonciation au bénéfice d'une succession, on a cherché à établir une distinction entre le cas où le droit du renonçant dérive d'un testament et celui où il dérive de la loi : on a prétendu, avec Pothier (1), qu'il ne pouvait y avoir libéralité lorsque l'époux légataire renonce pour laisser les choses suivre leur cours naturel, afin de ne pas priver son conjoint héritier naturel d'une succession que la loi lui défère.—Nous ne pouvons admettre cette distinction : peu importe que le renonçant soit ou non appelé au même titre que son conjoint, mais à un degré différent; du moment qu'il sacrifie un droit qui faisait partie de son patrimoine, il se dépouille d'autant, et il y a donation indirecte, révocable et réductible. Seulement il pourrait se faire que l'acte prît le caractère de contrat aléatoire; par exemple que le renonçant abandonnât une succession douteuse, dont la liquidation compliquée l'entraînerait à de graves embarras, ou même à des pertes : dans ce cas, il n'y aurait évidemment pas libéralité

(1) Pothier, loc. cit., n° 88.

310. Les premiers interprètes du Code avaient rapporté les art. 1009 et 1100 à l'art. 1098 seul, au cas où les époux ont des enfants d'un premier lit (1). L'origine de ces deux articles empruntés à l'Edit des secondes noces, leur position après l'article 1098, pouvaient soulever quelque doute sur leur application aux premiers comme aux subséquents mariages ; mais les expressions *les époux... par les dispositions ci-dessus*, montrent évidemment que le législateur a voulu poser des règles générales , communes aux diverses hypothèses examinées dans le chapitre. La distinction ne saurait, du reste, se justifier, car l'art. 1094 demande une sanction aussi bien que l'art. 1098. Il n'y a qu'une différence entre les premières et les secondes noces, c'est que la loi a prévu certaines conventions, qui sont pour elle des actes à titre gratuit et peuvent présenter des avantages indirects, mais seulement lorsqu'il y a des enfants d'un premier lit (Art. 1496, 1527) (2). Observons que

---

(1) Grenier, no 691 ; Toullier. n_0 891.

(2) Ces deux art. 1597 et 1527 sont un nouvel argument à l'appui de la théorie qui sépare les libéralités indirectes proprement dites, des libéralités déguisées. La loi prend une convention franche, réelle, c'est-à-dire excluant toute idée de fraude, et elle l'admet en principe pour produire ses effets, tout en réservant le droit de réduction des héritiers privilégiés. Que si, par contrat de mariage, les futurs époux voulaient cacher une libéralité au détriment d'enfants

l'art. 1099 vise les donations testamentaires aussi bien que les donations entre-vifs pendant le mariage.

311. Telle est la théorie générale des actes qui peuvent intervenir entre les époux comme voies détournées pour arriver à une libéralité. Mais, quelque étroite que soit ici la sanction de la loi, certains contrats, en raison de leur fréquence et de leur nature, ont été placés dans une situation exceptionnelle : je veux parler de la vente, de la *datio in solutum*, et de l'échange. Sans doute, l'article 1595 ne parle que d'un contrat, il dit : « Le « contrat de vente ne peut avoir lieu entre époux « que dans les trois cas suivants.....; » mais, par le seul fait des exceptions qu'il établit ensuite et qui sont des cas de *datio in solutum*, il est incontestable que le législateur a eu en vue tous les contrats qui, dans leur simplicité ou au moyen d'une décomposition de l'acte, supposent une

---

du premier lit, ce ne serait plus l'espèce des art. 1496 et 1527, ce serait celle de l'art. 1099, alin. 2. La loi ne peut pas appeler conventions licites des conventions déguisées.

Rapprochons de cet exemple d'une libéralité indirecte valable mais réductible, l'art. 896 : nous y verrons que la loi punit la tentative de fraude d'une nullité absolue qu'elle munit d'une sanction énergique sa prohibition des substitutions, en refusant de valider des legs conditionnels, qui arriveraient *indirectement* au résultat qu'elle veut prévenir.

chose livrée et une somme d'argent payée comme prix de cette chose. Ces contrats sont la vente, l'échange (Art. 1707), la *datio in solutum*.

Prohibés en règle générale entre époux, ils ne sont permis que dans trois cas spécialement prévus et qui se comprennent par la faveur que doit trouver une dette légitime et préexistante, et par l'intérêt de la famille à qui il faut conserver les biens du ménage, au lieu de les voir aliénés au profit d'étrangers. Aussi faut-il considérer l'art. 1595 comme une disposition démonstrative plutôt que limitative, et déclarer la vente possible entre conjoints toutes les fois qu'elle *a une cause légitime telle que le remploi...* (Art. 1595, 2°), c'est-à-dire toutes les fois que la cession suppose *une dette* de l'époux envers son conjoint et se présente comme *moyen de libération* de cette dette : « Les circon- « stances dans lesquelles il est permis entre époux « de vendre et d'acheter sont celles où le contrat « a moins le caractère d'une vente proprement « dite que celui d'un payement forcé et d'un acte «d'administration » (1).

312. Nous devons donc distinguer les trois hypothèses de l'art. 1595, ou autres analogues, de toutes celles qui peuvent se présenter en renfer-

---

(1) Marcadé, art. 1595, II ; Fenet, cité.

mant un cas de vente ; de là deux situations différentes.

313. — 1re *Situation.* — L'on se trouve dans
une des hypothèses spécialement exceptées, et
l'acte est sérieux. Nul doute qu'il ne faille valider
la convention en principe ; elle est irrévocable et
ne pourra être attaquée que si les droits des héritiers réservataires courent le risque d'être lésés par
l'avantage indirect qu'elle contient, et alors il y
aura simplement réduction (Art. 1595 *in fine*). C'est
le cas des contrats ordinaires renfermant une donation indirecte. Une opinion opposée déclare l'acte
nul, en tant qu'il y a avantage, et donne le droit
d'invoquer la nullité au donateur, à ses héritiers
et même à ses créanciers : on prononce la nullité
de la libéralité, parce que l'époux de qui elle
émane n'avait pas la capacité de faire une donation irrévocable, et que le maintien d'un contrat
à titre onéreux renfermant un certain avantage
arriverait à ce résultat (1).

Nous ferons remarquer qu'il y a là une confusion entre la donation déguisée et la donation indirecte. Si les parties veulent frauder la loi, par
exemple si l'un des conjoints vend un immeuble
comme paiement d'une créance prétendue ou il-

(2) Mourlon, art. 1595.

lusoire, on arrive à l'hypothèse des donations déguisées, et le contrat devra tomber en entier devant la preuve de la simulation apportée par les
personnes intéressées. Mais ici il s'agit d'une vente
très réelle, très licite, qui n'a d'autre tort que de
produire un certain avantage : il faut la maintenir,
sauf retranchement s'il y a libéralité excédant la
quotité disponible. L'inconvénient de l'avantage
n'est pas assez grand pour briser un contrat légalement formé. « Sauf, dans ces trois cas, les droits
« des héritiers des parties contractantes, s'il y a
« avantage indirect (Art. 1595 *in fine*). »

314. 2e *Situation*. — L'on se trouve en dehors
des hypothèses de l'art. 1595. Quelques auteurs (1)
recherchent si l'acte a été fait avec ou sans l'intention de donner : dans le premier cas, ils le
maintiennent comme donation déguisée ; dans le
second, ils l'annulent comme vente prohibée. Il
nous semble qu'il doit y avoir nullité dans les deux
cas : les époux ont-ils voulu faire une vente, leur
convention est brisée par la défense de l'art. 1595 ;
ont ils voulu faire une donation, c'est l'art. 1099
qui vient les punir de leur tentative de simulation
en déchirant l'écrit qu'ils ont signé. La simulation n'aurait même pas besoin d'être prouvée :

(1) Troplong, no 186 ; Duvergier, no 183.

l'acte est nul par cela seul qu'il constitue une vente
entre époux ; l'art. 1595 a eu précisément pour
but de couper court au procès qu'aurait pu engager la question de savoir si les conjoints avaient
fait une vente sincère, ou un acte frauduleux(1).

§ 2. — *Donations déguisées sous l'apparence d'un contrat à titre onéreux.*

315. Les donations déguisées, en raison même
de l'idée de fraude qu'elles supposent, devaient
attirer particulièrement l'attention du législateur :
aussi la loi nous offre-t-elle une disposition exceptionnelle, celle de l'art. 1099 qui prononce *ipso
facto* la nullité de l'acte en entier, du moment
qu'il y a donation simulée, comme pour assurer
d'une manière plus stricte l'exécution des règles
destinées à garantir la sincérité des volontés des
époux contractants. Cette interprétation n'est, du
reste, pas la seule qui se soit présentée pour l'explication de l'art. 1099 : la théorie des effets de la
donation déguisée entre conjoints a soulevé bien
des controverses. Si, aujourd'hui, la jurisprudence
semble s'être fixée dans un sens, on se trouve toujours en présence de trois systèmes contradictoires,
appuyés tous les trois sur des raisons au moins
plausibles.

(1) Marcadé, art. 1595, IV.

14

316. 1ᵉʳ *Système*. — L'art. 1099 renferme deux
alinéas qui doivent s'expliquer l'un par l'autre : le
premier pose un principe, la prohibition de donner au-delà des limites légales; le second tire la
conséquence, en l'appliquant aux donations déguisées ou faites à personnes interposées, qu'il déclare
nulles pour ce qui excède la quotité disponible. Le
législateur n'a pas entendu procéder dans le § 2
par voie d'opposition, en séparant les donations
déguisées des donations indirectes, pour soumettre
chacune de ces deux espèces de libéralités à des
règles différentes. Il est constant que les mots *donner indirectement* embrassent tous les moyens détournés d'enrichir son conjoint, ceux énoncés dans
le § 2, de même que tous les autres qui peuvent se
présenter (Art. 843); pourquoi, dès lors, ne pas
admettre une règle uniforme?

317. Dira-t-on qu'il y a une différence radicale
entre les donations indirectes proprement dites et
les donations déguisées? La distinction est inadmissible. Du moment que l'on sort du cas d'une
libéralité directe et formelle, on ne peut pas ne pas
rencontrer un déguisement d'acte. La convention
de communauté avec avantage pour l'un des conjoints (1527) est le déguisement de l'intention du
mari de faire passer à sa nouvelle femme la moitié
de son mobilier, sans compensation; la renonciation à une succession est également une simu-

lation, puisqu'on cache jusqu'au nom de l'acte,
même à la personne qu'on enrichit ; de même dans
une vente à prix inférieur, il y a déguisement,
puisque les parties feignent que le prix porté au
contrat soit sérieux. Il faut donc admettre forcément que la loi, après avoir posé sa défense, en fait
connaître l'étendue et la limite. Le § 2 est écrit
pour indiquer les moyens indirects de donner entre
époux, en comprenant dans ses termes toute espèce de déguisement, soit par contrat, soit par simulation concertée, soit par un fait personnel à
l'un d'eux même à l'insu de l'autre, soit par interposition de personnes.

318. On appuie cette interprétation sur une analogie tirée de l'art. 911. Dans l'art. 911 les mots
sera nulle ont une valeur relative. S'il s'agit de
personnes incapables de rien recevoir, la nullité
est complète ; s'il s'agit au contraire de donataires
capables de recevoir au moins une quotité, l'acte
est valable tant que cette quotité n'est pas dépassée : il est nul seulement pour le surplus, parce
que l'incapacité de recevoir ne commence que lorsque lorsque le donataire a déjà reçu ce qu'il était
permis de lui donner. Les mots *sera nulle* de l'art.
1099 ont le même sens. Les époux peuvent se donner en principe ; ils ne deviennent incapables que
lorsque la quotité disponible est dépassée. Les
droits qu'il s'agit de sauvegarder sont ceux des hé-

ritiers réservataires seuls : or la réduction suffit pour les protéger, sans qu'il soit besoin d'une nullité qui irait au-delà du but de la loi.

319. A tous ces arguments on ajoute que la théorie de la nullité fait du Code une loi injuste et immorale, en admettant qu'il annule entre époux des libéralités permises entre étrangers, lorsque le mobile de ces mêmes libéralités est l'affection la plus noble et la plus légitime. Ces simulations ont lieu le plus souvent sans intention de fraude véritablement coupable, par exemple pour éviter un droit fiscal trop élevé, et il est impossible d'admettre que les droits du trésor aient pour sanction la nullité d'un contrat. D'un autre côté, fait-on encore observer, il est possible que la donation déguisée, telle que la reconnaissance d'un apport fictif, réponde à la promesse d'une donation éventuelle. La réciprocité des avantages doit ici chasser la crainte du danger que l'on veut prévenir par la nullité; puisque chacun des époux attend un avantage en échange de celui qu'il promet, il serait injuste et inutile de ne pas valider la convention dans tous ses termes. Enfin on objecte que la nullité crée une incapacité de recevoir pour les enfants du premier lit (Art. 1100) (1).

320. *Deuxième système.* — A côté de la théorie

(1) Duranton, no 831 ; Coin-Delisle, nos 14 et suiv.

que nous venons d'exposer se présente une autre opinion que je pourrais appeler intermédiaire. Tandis que les partisans du premier système repoussent la nullité des donations déguisées, qu'elles aient été faites par contrat de mariage ou pendant le mariage, la cour de cassation, dont M. Troplong (n° 2744) admet la jurisprudence, établit une distinction entre ces deux catégories de donations, et arrive aux solutions suivantes :

1° Donations par contrat de mariage. — Sont-elles indirectes, elles sont réductibles. Sont-elles déguisées et inférieures au disponible, elles sont valables. Si elles sont déguisées et excessives, elles sont nulles absolument, parce qu'alors la simulation prend la couleur d'un piége et devient frauduleuse en menaçant les droits des héritiers réservataires (1).

2° Donations faites pendant le mariage. — Le déguisement entraîne dans tous les cas la nullité, mais alors en vertu de dispositions et de principes distincts de l'art. 1099. C'est la violation du principe d'ordre public, la révocabilité, c'est la tentative coupable d'échapper à la garantie établie par l'art. 1096 qui s'oppose à la validité de l'acte (2).

321. En résumé, la Cour de cassation, dans l'état actuel de sa jurisprudence, annulle les dona-

(1) Rej. 29 mai 1838 ; Cass. 2 mai 1855.
(2) Req. 16 avr, 1850.

tions entre époux déguisées sous l'apparence d'un contrat à titre onéreux. A ce point de vue, nous ne saurions critiquer sa théorie ; mais, comme il faut aussi se préoccuper des arguments présentés, disons qu'il nous paraît impossible d'admettre l'interprétation de l'art. 1099, la distinction et la sous-distinction auxquelles arrive le système de la cour suprême.

322. Un premier vice de cette doctrine est de faire dépendre la validité de la convention, du moins lorsqu'il s'agit de libéralités consenties par contrat de mariage, de l'état du disponible à la mort du disposant, de la subordonner aux variations qui pourraient être survenues dans la fortune du donateur, et dans le nombre de ses héritiers. Au lieu de prendre l'acte au jour où il est signé, et de se prononcer à ce moment même sur sa validité ou sa nullité, la Cour de cassation admet qu'un contrat nul dès le principe devient valable si le disponible ne se trouve pas dépassé au jour du décès, et, réciproquement, qu'un contrat valable peut postérieurement revêtir le caractère frauduleux et être frappé, comme tel, de nullité.

De plus, on ne comprend guères une doctrine qui protége la réserve et cherche à la protéger seule. Au cas de simulation, la fraude et le préjudice sont possibles vis-à-vis des réservataires ; mais lorsque le donateur a recours à une interposition de personnes, est-ce que la réduction ne frappera pas toujours la libéralité? Le donataire devra bien toujours restituer le disponible, qu'il soit ou non le mandataire du conjoint, ce qui doit chasser toute crainte de tentative d'atteinte à la réserve. Or le déguisement et l'interposition de personnes sont mis sur la même ligne !... Enfin l'art. 1096 ne présente aucune expression, sauf le mot *toujours*, qui permette d'en faire sortir la peine de nullité; et, d'un autre côté, l'art. 1099 se trouve manifestement violé, puisqu'on spécialise les mots *toute donation,* en les traduisant par « toute dona- « tion qui excède la quotité disponible» (1).

323. *Troisième système.* — L'art. 1099 renferme deux dispositions parfaitement distinctes, se référant à deux hypothèses de libéralités qui doivent, de toute nécessité, entraîner l'application de règles différentes. Dans le § 1, le législateur s'occupe des donations indirectes (N° 309) et prononce leur réduction si elles sont excessives; dans le § 2, il déclare nulles les donations déguisées sous l'apparence d'un contrat à titre onéreux, ou faites à personnes interposées. Telle est la théorie qui nous paraît le plus conforme au texte et au raisonnement.

324. Nous reconnaissons que la nullité est une

(1) Dalloz, *Annotat.*, Arrêt du 29 mai 1838.

mesure de rigueur; mais cette sévérité s'explique
par la nécessité de donner une sanction à des dispositions destinées à sauvegarder des droits et des
principes dignes de toute l'attention du législateur.
S'il ne s'était agi que de la réserve, la réduction
seule aurait assuré aux héritiers privilégiés ce que
la loi leur attribue, de même qu'elle est suffisante,
au cas de libéralités indirectes, parce qu'alors le
danger est apparent, et qu'il est facile de le conju-
rer. Ici, il y a quelque chose de plus. Le principe
que la loi entoure de précautions exceptionnelles,
dont elle garantit la stricte observance, est celui
de la sincérité des conventions. Les contractants
vont s'unir ou sont déjà unis par le lien du mariage : ils sont dans une situation respective toute
particulière qui fait craindre, à bon droit, la captation ou la suggestion. Dans la personne du donateur et du donataire agissent deux familles, avec
des intérêts opposés. Le plus souvent ces intérêts
se confondront en se réunissant sur la tête d'un
enfant commun; mais il peut arriver que cet enfant
commun n'existe pas, et même que la présence
d'un enfant du premier lit soit pour le second conjoint une nouvelle raison de s'assurer le plus possible en paraissant ne presque rien recevoir, et
alors la sollicitation n'en est que plus pressante et
plus dangereuse. Or le moyen le plus facile et le
plus sûr pour le donataire de mettre de son côté

toutes les chances de gain, est une simulation ou
une interposition de personnes, puisqu'il s'efface
derrière le titre d'acheteur ou la complaisance d'un
fidéicommissaire. On ne peut nier qu'il n'y ait là
un état de choses spécial : ce ne sont plus des
étrangers qui stipulent et promettent, en n'ayant
d'autre mobile de leur générosité que les circonstances ordinaires de la vie ; ce sont deux époux
qui contractent sous l'influence d'une communauté
d'existence, future ou déjà ancienne. La loi ordinaire ne pouvait plus suffire pour assurer l'observation des règles posées. Il fallait à tout prix une
sanction plus énergique pour empêcher les parties
de recourir à la fraude, en couvrant leur convention d'un masque destiné à tromper tout le monde :
cette sanction se trouve dans la nullité absolue de
l'acte simulé.

325. On objecte, il est vrai, que le § 2 de l'article 1099 n'est que le développement du § 1 ; que
la distinction entre les donations indirectes et les
donations déguisées ne repose sur aucun fondement ; qu'il est de toute justice de permettre aux
époux de faire par voie indirecte ce qu'ils peuvent
faire directement. Nous avons répondu, par avance,
à ces arguments présentés dans le système que
nous combattons, en établissant la différence radicale de ces deux espèces de libéralités : il est évident que l'on ne saurait assimiler le cas d'une

vente réelle à prix inférieur au cas d'une vente sans prix aucun. Ajoutons seulement que, d'après l'interprétation adverse, les deux dispositions de l'art. 1099 sont une redondance, puisque la seconde ne fait que reproduire la première. On peut même dire que cette opinion rend l'article complétement inutile : la loi ayant fixé une quotité disponible dans les art. 1094 et 1098, la conséquence nécessaire était le retranchement de tout ce qui pourrait la dépasser. Si le législateur s'explique formellement dans l'hypothèse qui nous occupe, c'est qu'il entend dire quelque chose de plus, c'est-à-dire poser une règle spéciale, motivée par les circonstances exceptionnelles dans lesquelles se présente l'acte qu'il s'agit de réglementer.

326. Quant à l'art. 911, nous ne voyons pas comment le système de la réduction peut argumenter du sens des mots : *sera nulle*, et en tirer un argument d'analogie. Dans l'art. 911, la pénalité prononcée est la nullité ; seulement cette nullité ne commence qu'avec l'incapacité, au moment où, la limite fixée par la loi se trouvant dépassée, le donataire devient incapable de recevoir. L'incapacité et la nullité qu'elle entraîne, ne résultant que d'un excès dans la valeur de la donation, sont susceptibles des mêmes limites, des mêmes degrés qui affectent cette valeur. Mais en

matière de donations entre époux, il en est tout
autrement. L'incapacité, en admettant qu'il y ait
ici incapacité (N° 329), est indivisible comme la
qualité d'époux qui l'engendre ; elle ne peut admettre de fractionnement ; et, si la nullité est la
même, si elle n'est ni plus ni moins forte, elle doit
toutefois frapper l'acte dans son entier, car elle
existe par le seul fait du titre d'époux chez les contractants. Et puis, jamais la loi n'a pu vouloir exprimer par ces mots : *sera nulle*, que la libéralité
sera seulement réductible: adopter une telle interprétation, c'est refuser aux mots leur sens gram-
matical !

327. Enfin, nous ne pouvons admettre les considérations qui nous sont opposées. Il est toujours
facile de créer des hypothèses où la loi semble
d'une injustice révoltante. Il faut avant tout rechercher le but intime du législateur, examiner en
lui-même le principe posé, et l'appliquer dans
toutes ses conséquences, du moment que sa raison
d'être est incontestable. Sans doute l'enfant d'un
premier lit ne pourra rien recevoir de son beau-
père ou de sa belle-mère (Art. 1100) ; sans doute
il sera dur quelquefois d'anéantir les intentions gé-
néreuses des conjoints ; mais observons que la
loi a établi des conditions de forme et de capacité
pour qu'elles soient exactement remplies. Sans
chercher un argument dans la théorie de la nullité

des donations déguisées entre personnes étrangères, théorie que nous avons tâché de rendre
complétement indépendante de notre sujet, si le
Code permet avec raison entre époux les libéralités franches et apparentes, il doit frapper sévèrement la fraude et la simulation. Notre système,
nous l'avons déjà dit, est une conséquence forcée
des rapports particuliers des contractants, de la
nature du lien qni les unit. Maintenir, sauf réduction, les donations déguisées, ce serait créer des
discussions dangereuses, ce serait jeter la division
dans les familles par des questions d'intérêts dif-
ficiles à découvrir derrière les précautions prises
par les contractants; ce serait enfin arrêter une
loyale observation de la loi, ce serait encourager
les moyens détournés, puisque l'on serait assuré
de garder dans tous les cas ce qui ne dépasserait
pas la quotité disponible.

328. Tous les arguments que nous venons de
présenter peuvent s'appliquer aux donations entre
époux ou entre futurs époux; mais il est une dernière considération très puissante que notre opinion
peut faire valoir et qui est spéciale aux donations
faites pendant le mariage : je veux parler du respect du principe qui domine toute la matière, le
principe de la révocabilité. La faculté illimitée accordée au donateur de revenir sur sa libéralité se
trouve compromise dans son existence par la si-

mulation ; il faut de toute nécessité que celui qui reçoit, reçoive au vu et au su de tout le monde, pour que son titre ne prenne pas un caractère plus immuable. Si, au lieu d'être un donataire, il joue le rôle d'acheteur, l'acte ne peut plus être déchiré sans un procès qui le rétablisse avec ses caractères réels, et l'on ne peut plus dire avec l'art. 1096 : « les donations entre époux sont *toujours révo-* « *cables.* »

329. Quoique radicale, la nullité des donations déguisées ne peut cependant être encourue de plein droit : elle doit être prononcée par les tribu-naux. La seule difficulté qui se présente, c'est de fixer le délai de l'action. Quelques auteurs ont pré-tendu qu'il s'agissait ici d'incapacité et que le délai devait être limité à dix ans, conformément à l'art. 1304. Nous objecterons que la donation dé-guisée est nulle, non pas comme faite par un in-capable, mais comme faite en violation de la loi, c'est-à-dire nulle *absolument.* La durée de l'action doit donc être portée à 30 ans ; ou, du moins, la nullité pourra être invoquée tant que le tiers dé-tenteur du bien donné ne pourra pas invoquer une prescription qui le garantisse contre toute pour-suite.

330. L'action en nullité est ouverte au profit de toute personne intéressée, du donateur qui con-serve toujours la faculté de révoquer, des héritiers

réservataires, voire même des collatéraux et des
créanciers. Ce n'est pas, en effet, seulement dans
le but de faire respecter la réserve qu'a été porté
l'art. 1099, c'est dans une intention de beaucoup
supérieure, pour assurer la stricte observation de
ses dispositions, que la loi s'est montrée si sévère
contre le déguisement. « Attendus, dit un arrêt de
« cassation du 29 mai 1838, que, si la distinction
« établie par l'art. 1099 ne se retrouve plus lors-
« qu'il s'agit de donations autres que celles que les
« époux se font l'un à l'autre, il en résulte seule-
« ment que, pour ce genre particulier de dona-
« tions, la loi a cru devoir introduire une règle plus
« sévère; mais qu'il n'en résulte nullement que la
« disposition spéciale et formelle de la loi ne doive
« pas recevoir exécution... »

Quant aux enfants du donateur, du vivant de
leur auteur ils n'ont que le droit de faire des actes
conservatoires en cas de séparation de biens, vu
qu'ils n'ont pas d'intérêt né et actuel.

§ III. — *Donations par personnes interposées.*

331. L'interposition de personnes est une in-
fraction à la loi puisqu'elle tend à cacher le donataire réel sous un nom d'emprunt ; c'est une autre
espèce de simulation ; elle devait donc, à ce titre,
attirer la sévérité du législateur comme le dégui-

sement d'acte. Aussi a-t-elle été mise sur la même
ligne, et frappée par la même disposition : « toute
« donation déguisée ou faite à personnes interpo-
« sées sera nulle. » Le Code est allé plus loin : il
ne s'est pas contenté de se référer aux règles ha-
bituelles, c'est-à-dire de maintenir l'acte dans
toutes ses parties tant qu'il ne serait pas renversé
par la preuve du vice qui doit entraîner sa nullité.
Les preuves ordinaires, l'aveu, le serment, les témoins, lui ont paru des moyens trop incertains
d'arriver à dévoiler une fraude aussi difficile qu'une
interposition de personnes : il a posé des présomptions légales, résistant à toute preuve contraire
(Art. 1352). On a prétendu, il est vrai, que l'aveu et
le serment pourraient être admis pour renverser la
présomption de la loi, attendu qu'un intérêt privé
était seul en jeu, et qu'il était dès lors tout naturel
de laisser les personnes intéressées renoncer à leur
droit d'invoquer les art. 1099 et 1100. Mais rien
ne justifie cette exception à la doctrine générale
des présomptions de droit, qui sont *absolues*.

Cependant il ne faudrait pas aller jusqu'à maintenir la supposition d'interposition dans le cas où
toute espèce d'avantage serait impossible au profit
du donataire présumé. Ainsi le legs d'une rente
viagère fait par un mari à un enfant issu d'un premier mariage de sa femme devrait être validé, si
la rente léguée ne partait que du décès de la mère.

Les craintes de la loi n'ont plus ici de raison d'être.

332. Ces présomptions légales de l'art. 1100 n'excluent pas, pour les cas autres que ceux spécialement prévus, la preuve de l'interposition par les modes de droit commun : elles sont basées sur l'appréciation des rapports qui existent entre le donataire apparent et le donataire supposé, et elles se présentent comme une nouvelle preuve des précautions rigoureuses de la loi pour assurer l'observation de ses dispositions.

333. On peut ranger en deux classes les personnes que le Code présume interposées : 1° les enfants du conjoint du donateur; 2° les parents de ce même conjoint.

334. Les enfants du conjoint du donateur sont réputés recevoir pour leur auteur lorsqu'ils sont nés d'un précédent mariage. S'ils sont issus des deux époux, l'affection de leur père ou de leur mère justifie assez la libéralité pour écarter toute idée d'interposition. Par le mot *enfants* il faut entendre enfants et descendants; mais nous ne croyons pas qu'on doive étendre aux enfants naturels la disposition de l'art. 1100 dont les termes sont loin d'être aussi généraux que ceux de l'article 911. Un enfant naturel peut, aussi bien qu'un enfant légitime, servir d'intermédiaire pour cacher une libéralité, mais il n'est pas rationnel qu'un époux consente à interposer dans une donation le

fruit des faiblesses ou des désordres de son conjoint. La question pourrait présenter plus de difficultés pour l'enfant adoptif : l'adoption est toujours honorable et l'on comprend sans peine entre
l'adopté et le conjoint de l'adoptant une convention tacite destinée à cacher une libéralité. L'enfant adultérin ou incestueux est évidemment exclu
de l'art. 1100.

335. La loi voit, en second lieu, une interposition dans la donation faite aux parents dont le
conjoint du donateur se trouve héritier présomptif
au jour de la convention. Peu importent les événements postérieurs, renonciation, prédécès, incapacité, qui empêchent la réalisation du droit de
succession : on ne considère que l'état des choses
au moment de la libéralité, la pensée qui a dû
guider le donateur, c'est-à-dire l'intention d'être
généreux envers son conjoint dans la personne
des parents qui vraisemblablement lui laisseront
leur hérédité. Réciproquement, la présomption
n'a plus de raison d'être lorsque le conjoint n'est
pas l'héritier probable du parent donataire au
jour de la confection de l'acte : il n'y a pas à rechercher s'il le deviendra plus tard. Le conjoint
du donateur est seul cause de la prohibition : son
décès au moment de la donation doit donc faire
cesser toute supposition de fraude.

CHAPITRE III.

DON MUTUEL.

336. Aujourd'hui que la date ancienne de la loi de nivôse an II rend les questions transitoires presque impossibles, la théorie du don mutuel entre époux ne peut plus présenter les difficultés que soulevait l'application de cette loi vis-à-vis les coutumes locales dont les règles multiples contrariaient souvent l'établissement d'une législation uniforme. L'art. 1097 est venu trancher la plupart des points litigieux, mais son interprétation n'en présente pas moins, à l'examen, quelques questions importantes.

337. C'est avec raison que le Code Napoléon a supprimé dans l'art. 1097 les donations mutuelles entre époux, comme il avait déjà supprimé (art. 968) les testaments conjonctifs. La mutualité juxtaposée au principe de révocabilité aurait amené de nombreuses contestations sur l'indivisibilité des dispositions. Si l'un des époux eût révoqué, et que l'autre fût mort le premier, les héritiers de celui-ci auraient pu prétendre que, chacune des donations étant la condition de l'autre, on ne devait pas donner effet à celle de l'époux prédécédé. Il serait arrivé bien

souvent que l'équité eût été obligée d'admettre
cette indivisibilité pour prévenir la surprise et la
mauvaise foi d'un des deux donateurs révoquant à
l'insu de son conjoint, et laissant ce dernier dans
l'attente d'une libéralité qui sans doute a été la
cause de celle qu'il a consentie.

338. Aussi les époux sont-ils maîtres de se faire
mutuellement des libéralités le même jour, au
même instant, mais par deux actes séparés. Les
deux actes ont alors une existence distincte : ils
n'ont pas entre eux une relation assez intime pour
les considérer comme indivisibles. D'ailleurs, rien
n'empêche les contractants d'insérer la clause que
chaque donation ne produira d'effet que si l'autre
est maintenue. Ce n'est pas violer la loi que de se
prémunir au moyen d'une disposition pénale,
contre une révocation qui pourrait n'être souvent
que le résultat d'une fraude : la convention étant
formelle, son interprétation ne présente aucune dif-
ficulté(1).

339. La disposition de l'art. 1097 tranche une
question de forme et non pas une question de capacité, puisque les époux peuvent se donner par
deux actes séparés. Il faut appliquer la règle *Locus
regis actum*, et valider l'acte, lorsqu'il a été passé
dans un pays où les dons mutuels par un seul et

---

(1) Troplong, no 2092; Marcadé, art. 1097.

même acto sont permis, et que les formalités exigées ont été remplies.

———

CHAPITRE IV.

DÉTERMINATION DE LA QUOTITÉ DISPONIBLE ENTRE ÉPOUX.

340. La quotité disponible entre époux n'a pas été établie par le Code Napoléon d'une manière uniforme. Il faut distinguer si le donateur a ou n'a pas d'enfants issus d'un précédent mariage. Chacune de ces deux situations influe sur la détermination du disponible ; mais au point de vue de la réduction, il faut revenir aux règles ordinaires, aux art. 923 à 926.

§ 1. — *De la portion disponible entre époux sans enfants d'un précédent mariage,*

341. La loi prévoit trois hypothèses distinctes que nous examinerons successivement :

342. — 1° Le donateur ne laisse ni ascendants ni descendants. Il peut dans ce cas laisser à son conjoint la totalité de ses biens.

343. — 2° Le donateur ne laisse que des ascendants. D'après l'art. 1094 il peut donner à son conjoint la moitié ou les trois quarts en toute propriété,

suivant qu'il a des ascendants dans les deux lignes ou dans une ligne seulement, plus l'usufruit de l'autre moitié ou de l'autre quart. Les auteurs ont critiqué avec beaucoup de raison cette disposition qui laisse pour toute réserve à des personnes âgées une nue propriété ; il eût été beaucoup plus rationnel de leur assurer une ressource présente et certaine telle qu'un usufruit, au lieu de les restreindre à un droit dont la vente est toujours difficile et désavantageuse.

Si l'époux donateur est mineur, sa capacité étant moitié moindre que celle du majeur, il faudra combiner les art. 904 et 1094. Ainsi la donation ne pourra porter que sur un quart ou trois huitièmes en pleine propriété et un quart ou un huitième en usufruit. Lorsque la disposition n'est pas formelle, la question de savoir si la libéralité porte sur le disponible dans son expression la plus large est une pure question de fait.

344. L'époux peut tout donner lorsqu'il laisse des ascendants, autres que ses père et mère, en présence de frères et sœurs qui les excluent : si ces derniers renoncent, l'ascendant jusque là exclu pourra prétendre à une réserve. En effet, les renonçants sont censés n'avoir jamais été héritiers ; par leur retraite qui constitue la répudiation d'un droit, celui d'attaquer le testament qui institue le conjoint, ils deviennent des étrangers et

l'héritier du degré subséquent arrive en rang
utile.

345. — 3° Le donateur laisse un ou plusieurs
enfants. Nous n'avons pas ici, comme en matière
ordinaire, un disponible proportionnel au nombre
des enfants héritiers : l'art. 1094 établit une quotité invariable, un quart en usufruit et un quart
en pleine propriété, ou moitié en usufruit. Cette
alternative peut paraître étrange au premier
abord, mais elle s'explique par la théorie primitive
du Code en matière de réserve. L'usufruit était
mis sur la même ligne, apprécié à la même valeur
que la pleine propriété au point de vue de la fixa-
tion du disponible; modifiée en droit commun
(Art. 917), cette théorie a été maintenue dans
l'art. 1094 dont la rédaction est toujours restée
telle qu'elle était dans le principe.

346. Nous ne pensons pas qu'il y ait lieu d'appliquer ici l'art. 917 : lorsque la donation dépasse
moitié en usufruit, ce n'est pas à l'expression la
plus large du disponible, un quart en pleine propriété, plus un quart en usufruit, c'est au disponible de même nature, une moitié en usufruit,
qu'il faut réduire la libéralité. L'art. 1094 offre, en
effet, l'alternative de deux quotités qu'elle met sur
la même ligne : le donateur a préféré donner l'u-
sufruit de ses biens, c'est à cet usufruit que nous
devons ramener sa disposition; rien ne montre

chez lui l'intention de gratifier son conjoint d'une fraction quelconque de la pleine propriété.

S'il en est autrement pour le cas de l'art. 913 et même pour celui de l'art. 1008, que nous séparons ainsi de l'art. 1094, c'est que la situation n'est plus la même. Dans ces deux hypothèses, il y a un disponible unique, on est forcé de ramener la dodation excessive d'usufruit à une donation de pleine propriété, et l'art. 917 se présente alors comme un excellent moyen d'éviter l'évaluation difficile et incertaine de la jouissance d'un fonds. Mais ici, à propos de l'art. 1094, la règle doit être différente : le donateur a choisi entre les deux disponibles établis par la loi : il a choisi l'usufruit : nous ne modifierons pas la nature du droit qui fait l'objet de la libéralité, nous en réduirons seulement l'étendue.

*347. Lorsque le donateur a posé l'alternative de la loi, ou donné à son conjoint *tout le disponible*, son intention évidente étant que le donataire prenne le maximum, c'est à ce dernier que doit appartenir le choix.

348. La dispense de caution serait-elle valable? Sans aucun doute pour la fraction qui peut être donnée en pleine propriété, car dans cette limite le donateur est maître absolu de ses biens; mais nous n'admettons pas la validité pour l'autre partie. Les réservataires ont sur cette fraction du dis-

ponible un droit incontestable, un droit de nue propriété qui ne peut leur être enlevé de par la volonté du donateur. La dispense de caution aurait
pour effet de compromettre leurs intérêts, en ne
leur assurant aucun recours contre le donataire qui
est en quelque sorte leur gérant d'affaires, qui profite de la jouissance mais qui ne peut pas aller au
delà; l'art. 601 s'occupant de biens absolument
disponibles ne doit pas être invoqué ici. Observons,
du reste, que, si le donataire était usufruitier légal,
il serait par cela même dispensé de toute caution (Art. 384).

349. Nous avons à examiner une question qui a
profondément divisé les auteurs et la jurisprudence : c'est la combinaison de l'art. 913 avec
l'art. 1094. Les uns admettent l'art. 1004 comme
règle unique lorsqu'il donne à l'époux donateur
un droit supérieur à celui que lui accorderait la loi
commune, mais ils prétendent que le donateur
peut profiter de l'art. 913, lorsqu'il y trouve une
faculté de disposer plus large : les autres soutiennent que le chap. IX fixe une quotité invariable
entre époux. Le premier système compte pour lui
MM. Benech, Zachariæ, Aubry ; le second est adopté
par MM. Marcadé, Coin-Delisle et Troplong.

350. 1er *Système*. — M. Benech est, on peut le
dire, l'inventeur de ce premier système. C'est lui
qui, en 1842, a pris à partie la doctrine soutenue

jusque là par tous les commentateurs, et la nouvelle théorie a rallié depuis cette époque plusieurs
jurisconsultes, dont l'opinion pèse assurément d'un
grand poids dans l'examen de la question.

351. L'historique de notre art. 1094 est la base
de la théorie de M. Benech. Dans le projet sur
les actes à titre gratuit présenté en l'an VIII par
Jacqueminot, l'art. 16 portait en matière de droit
commun une quotité invariable dans le cas de
survivance d'enfants ou de descendants, soit un
quart en pleine propriété; l'art. 151 réglementait au contraire les donations entre époux, en
ajoutant au disponible ordinaire un quart en usufruit. Il est arrivé que l'art. 16 a été complétement
bouleversé en devenant les art. 913-916 : une quotité proportionnelle au nombre d'enfants a rem-
placé la quotité fixe, tandis que l'art. 151 (1094)
n'a jamais été modifié. Il résulte de ce changement,
si on voit dans l'art. 913 et dans l'art. 1094 des
dispositions spéciales et exclusives, que les époux
se trouvent dans une situation inférieure à des
étrangers, lorsqu'ils ne laissent qu'un enfant. Or il
n'est pas naturel que la loi ait pu admettre une
telle conséquence. Son intention première était de
favoriser les conjoints en leur accordant un disponible supérieur au disponible ordinaire; elle a
augmenté ce dernier : pourquoi ne pas permettre
de profiter de cette extension à ceux qui étaient

destinés à pouvoir user d'une plus grande latitude
de disposition ?

352. Puis viennent les arguments tirés do la philosophie du droit. Il ne faut pas, fait-on observer,
transformer le mariage en une cause d'incapacité
pour les époux : étranger, le donateur pourrait
donner moitié lorsqu'il ne laisse qu'un enfant ; sa
qualité d'époux ne peut pas rendre sa situation désavantageuse. La loi nous présente elle-même la
preuve que tel n'est pas son système, lorsqu'elle
permet à un époux de donner à son conjoint
plus qu'à un étranger, s'il laisse trois ou quatre
ou cinq descendants. Il n'est pas conséquent
que la quotité disponible reste la même lorsque
les besoins des héritiers réservataires diminuent
avec leur nombre. La règle la plus logique est
celle qui proportionne le disponible au nombre
des héritiers, et si nous avons un article qui empêche d'appliquer cette règle dans tous les cas, il
faut au moins y revenir dès que l'on ne se heurte
plus à une prescription formelle.

353. L'opinion que nous examinons s'appuie
ensuite sur les termes de la loi. La rédaction de
l'article n'est nullement prohibitive, surtout si on
la compare aux art. 913 et 1098. Elle ne fixe pas
une limite infranchissable; elle indique une faculté,
pourra.... disposer, ce qui signifie que l'époux est
maître de donner dans tous les cas jusqu'à concur-

rence de moitié en usufruit, mais ce qui n'exclut
pas le droit de profiter de la loi commune lorsqu'elle
est plus avantageuse. Le Code indique qu'il faut
suivre cette voie, lorsqu'il dit dans l'art. 902 que
la capacité de donner est la règle : or, il n'y a ici
aucune disposition déclarant l'époux incapable de
donner au-delà de la quotité disponible ordinaire.

354. 2ᵉ *système*. — Assurément nous ne con-
testons pas la valeur de ces arguments, mais nous
ne croyons pas que telle soit la théorie de la loi.
Les raisons de décider tirées du texte ne nous pa-
raissent nullement concluantes : l'art. 902 s'occupe
de capacité, et ici (art. 1094) il s'agit de disponibilité, d'un ordre d'idées tout à fait différent. De
plus la restriction que l'on ne trouve pas suffisamment constatée par la rédaction de l'art. 1094
n'avait pas besoin d'être exprimée dans une for-
mule spéciale. Cette restriction résulte de la place
même de l'article, du droit particulier qu'il confère:
déterminer ce qui peut être donné en matière de
disponible, c'est par là même marquer le maximum,
établir la limite au-delà de laquelle il y aurait excès
dans la libéralité. L'art. 1099 lève à cet égard
toute espèce de doute : « Les époux *ne pourront* se
« donner indirectement au-delà de ce qui leur est
« permis par les dispositions ci-dessus. » Il serait
difficile de trouver une disposition plus *prohibitive*.

355. Il est incontestable à nos yeux que les

art. 1094 et 1098 forment une théorie particulière,
distincte, spéciale à certaines personnes. Si le projet primitif qui réglementait la quotité disponible
a été modifié dans une de ses parties, ce n'est pas
une raison pour modifier également l'autre en
l'absence d'un texte formel. Le législateur a voulu
établir au profit des époux une quotité fixe, invariable, tantôt supérieure, tantôt inférieure à celle
du droit commun, mais toujours suffisante pour
le but qu'il s'est proposé, pour assurer ou plutôt
pour continuer au conjoint survivant les mêmes
moyens d'existence dans l'avenir, les mêmes res-
sources contre des besoins qui sont complétement
indépendants du nombre des enfants vivants. On
dit, il est vrai, qu'il est dès lors irrationnel d'augmenter la quotité lorsqu'il n'y a pas d'enfants ou
lorsque ce sont des ascendants qui sont héritiers :
mais, dans ces deux dernières espèces, c'est
l'absence de réservataires ayant la qualité de
descendants qui autorise une plus grande latitude
dans la faculté de disposer : les droits à sauvegarder sont moins précieux, au moins d'après la
loi. Que si on blâme une opinion qui ne veut pas
introduire la règle si juste de la proportion, lorsque cela est possible sans violer ouvertement la
loi, nous dirons (en admettant que la loi soit ici
injustifiable), que c'est là une critique de législation inutile au point de vue doctrinal. D'un autre

côté, nous ne comprenons guères un système qui peut se trouver en présence de deux disponibles; le donateur laisse deux enfants, l'art. 913 permet de donner un tiers en pleine propriété, l'art. 1094 moitié en usufruit.

356. Enfin, comme l'a très bien fait observer M. Marcadé, des libéralités considérables sont beaucoup plus à craindre entre conjoints qu'entre étrangers, ainsi que le prouve en fait la plupart des conventions matrimoniales. Il fallait donc admettre un disponible aussi large que possible, voire même supérieur dans certains cas au disponible ordinaire; mais il fallait aussi poser une limite, et cette limite n'avait pas besoin d'être proportionnée au nombre des enfants (1).

(1) Nous avons pris la liberté de ne pas examiner en détail les arguments puisés de part et d'autre dans les travaux préparatoires du Code. Ainsi M. Benech invoque un passage du rapport du tribun Duveyrier au Tribunat sur le titre du Contrat de mariage, et une observation de M. Berlier, proposant au conseil d'Etat, lors de la discussion de l'art 1098, de restreindre la portion disponible, non-seulement à une part d'enfant le moins prenant, mais encore au quart de la succession, « car s'il n'y avait qu'un enfant ou deux du « premier mariage, et point du second, le nouvel époux pourrait en « partageant avec eux avoir la moitié ou le tiers de la succes- « sion. »

M. Marcadé, de son côté, cite à l'appui de son opinion : 1o le rejet de la demande faite par le Tribunat, sur la communication officieuse de notre titre, d'admettre le système que nous repoussons, par le motif « qu'il est juste qu'un époux puisse donner à l'autre

557. Nous terminerons l'examen de cette question en citant un passage du rapport présenté à l'audience de la Cour de cassation du 3 décembre 1844 (1), qui exprime clairement la pensée intime de la loi :

« Quand les enfants sont nombreux, leur nombre « même suppose un mariage de quelque durée; il « suppose aussi que l'époux survivant, mûri par « l'âge, absorbé par les soins de sa famille, sera « moins tenté de courir les chances d'un second « mariage. Les avantages qu'il aura reçus ne seront « donc qu'une sorte de dépôt qui, à son décès, « sera transmis à ses enfants; dépôt aussi qui leur « sera utile de son vivant. En effet, plus les enfants « sont nombreux, plus il y a de chances d'inégalité « entre eux. Le chef de la famille, à l'aide des « avantages par lui reçus, pourra aider, soutenir « ceux qui en auront besoin. Son autorité, comme

« autant qu'il pourrait donner à un étranger; » 2° certain passage du rapport au Tribunat et de l'exposé des motifs de M. Bigot de Préameneu. M. Marcadé va même jusqu'à invoquer l'observation de M. Berlier, en l'analysant de manière à la retourner contre le système de M. Benech.

Pour nous résumer, il n'y a que du vague et de l'incertain dans tous ces arguments empruntés à grand effort de logique, quelquefois même de subtilité, à des expressions insuffisamment rapportées dans des procès-verbaux trop laconiques. Il nous semble qu'il vaut mieux s'en tenir aux autres raisons de décider.

(1) Devilleneuve, 1845, 1, 277.

« le dit M. Jaubert, en sera plus efficace et plus
« respectée. Par de sages dispositions testamen-
« taires, il pourra plus aisément ainsi réparer entre
« ses enfants des inégalités produites par les ca-
« prices du sort. Enfin, pourquoi la fécondité plus
« grande de l'épouse, les soins plus pénibles, les
« dépenses plus fortes, qu'entraîne pour les deux
« époux une famille plus nombreuse, ne seraient-
« ils pas récompensés ? Il est donc naturel que,
« dans ce cas, l'époux survivant soit plus favorisé
« que l'étranger. Et remarquez que presque toutes
« ces conditions disparaissent quand il n'y a qu'un
« seul enfant : le plus souvent alors, le mariage a
« été de courte durée. L'époux survivant, plus
« jeune, plus isolé, peut se laisser entraîner à un
« deuxième mariage. Les biens à lui laissés, sur-
« tout en propriété, peuvent même faciliter un se-
« cond mariage ; et alors n'est-il pas à craindre
« que ces biens, laissés par le premier époux, au
« lieu de profiter à son enfant orphelin, ne passent,
« en partie du moins, aux enfants du second lit ?
« L'orphelin en souffrira. Il est vrai qu'il souffrirait
« encore plus, si la portion disponible était laissée
« à un étranger. Mais ne serait-ce pas le cas de dire,
« avec M. Delvincourt, que le législateur a pensé
« que le père se portera plus difficilement à dé-
« pouiller son enfant en faveur d'un étranger qu'en
« faveur de sa femme ? La disposition de la loi si

« durement qualifiée par M. Benech , ne peut-elle
« pas s'expliquer par ces considérations, et ce qu'il
« a traité d'absurdité, ne serait-il pas au contraire
« un acte de prudence et de sagesse ? »

§ 2. — *De la portion disponible entre époux ayant des enfants d'un précédent mariage.*

358. Lors de la rédaction de notre Code, la loi
de nivôse an II avait déjà aboli le premier chef de
l'Edit dans son art. 13, et le second, au moins
implicitement, dans l'art. 61. L'art. 1098 du Code
Napoléon fit revivre le premier chef, en ajoutant
même à la sévérité de l'Edit, puisqu'il ne permet
pas que les donations dépassent jamais le quart
des biens. Quant au second chef, il fut rayé du
projet comme rappelant le principe de l'attribu-
tion des biens en raison de leur origine (Art. 732)
et la théorie des substitutions (Art. 896).

359. L'art. 1098 ne permet à l'homme ou à la
femme ayant des enfants d'un autre lit de donner
à son nouveau conjoint qu'une part d'enfant légitime le moins prenant. Peu importe que le donateur laisse un ou plusieurs enfants ou petits-
enfants ; c'est la présence d'une descendance issue
d'un précédent mariage qui restreint par elle-
même la quotité disponible. Peu importe aussi que
l'enfant soit né ou seulement conçu. Mais la loi ne

protége ainsi que les intérêts des enfants légitimes ou légitimés : s'il est vrai que les enfants naturels ou adoptifs sont des héritiers, ce n'est pas une raison pour les mettre sur le même rang, leur accorder la même faveur exceptionnelle qu'à la famille légitime ; les termes de l'art. 1098 sont, à ce sujet, aussi explicites que possible. La présence d'un enfant adoptif ou naturel, non pas seul mais venant concurremment avec des enfants légitimes, affectera cependant dans une certaine limite le droit du donataire : l'enfant adoptif compte pour une tête, et l'enfant naturel prélevant sa part héréditaire diminue proportionnellement la portion du conjoint qui est obligé de contribuer à cette charge de la succession.

360. Il sera quelquefois douteux, du moins pour les donations antérieures au mariage contracté, de savoir si la libéralité a été consentie en considération d'une union projetée. C'est là une pure question de fait qui devra se décider suivant les circonstances : seulement l'on présumera la bonne foi, l'absence de toute arrière-pensée au moment de la donation.

361. La quotité disponible entre époux n'est pas seulement limitée à une part d'enfant légitime le moins prenant ; elle reçoit une autre restriction : dans aucun cas elle ne pourra excéder le quart des biens héréditaires. Ainsi, le donateur

16

a laissé 100,000 fr. et deux enfants : le conjoint
donataire ne pourra pas prétendre à concourir
pour un tiers au même titre qu'un descendant ;
il prendra 25,000 fr., et les 75,000 fr. restants se
partageront entre les deux enfants. C'est au jour
du décès du donateur, et non pas à celui de la célébration du mariage, qu'il faut se placer pour apprécier les éléments de la détermination de la
portion disponible, savoir : le nombre et la qualité des héritiers, le caractère de la donation consentie, le nombre des convols.

362. L'art. 1098 met l'époux donataire sur le
même rang qu'un enfant légitime : il faut lui appliquer les principes du disponible ordinaire , et
entre autres celui qui n'admet à compter pour le
calcul de la réserve que les enfants venant à la
succession en exigeant chez eux le titre d'héritiers.
La portion de l'indigne ou du renonçant devra
accroître au conjoint et aux enfants proportionnellement à leur part respective. Il est vrai que
l'époux donataire profite ici d'un fait qui lui est
étranger, et que l'ancien droit admettait une doctrine contraire ; mais nous ne voyons pas pourquoi on l'exclurait du bénéfice de la renonciation
lorsqu'il a les mêmes droits que les autres enfants
qui en profitent. Quant à l'ancien droit, nous avons
vu que sa théorie était la conséquence de l'origine
de l'Edit des secondes noces emprunté à la loi *Hac*

edictali, c'est-à-dire à une législation qui regardait la réserve comme un droit inhérent à la qualité d'enfant (N° 225). Dans le calcul doivent évidemment compter les enfants du premier comme ceux du second lit : l'art. 1098 ne distingue pas.

363. En sens inverse, la renonciation des enfants, par exemple, pour s'en tenir à ce qu'ils ont reçu par préciput, ne pourrait réduire à néant le droit du conjoint : la loi qui lui donne une part d'enfant le moins prenant suppose que cette part équivaut au moins à une réserve. Une telle renonciation pourrait être le résultat d'une collusion coupable concertée dans le but de dépouiller l'époux donataire.

Si tous les enfants du premier degré prédécèdent ou renoncent, il faudra compter non pas par tête, mais par souche : le conjoint a droit à une part d'enfant, et non à une part de petit-enfant.

364. Lorsque la donation consiste dans un corps certain, elle ne peut évidemment recevoir aucune augmentation des événements postérieurs tels que le décès, la renonciation des héritiers; mais elle croîtra proportionnellement, voire même jusqu'à embrasser la totalité des biens, si elle est faite dans des termes généraux ; elle ne sera soumise qu'à la réserve des enfants issus du second mariage, ou, à défaut d'enfants, à celle des ascendants. Ce sont là, du reste, des questions d'interprétation de l'intention du disposant.

305. Quant à la détermination de ce qu'il faut entendre par : *part d'enfant*, si le donataire ne se trouve en présence d'aucun descendant du premier lit, M. Vazeille (Art. 1098) pense que le conjoint doit avoir le même émolument qu'un enfant légitime, que son droit sera limité seulement par les prétentions des héritiers réservataires du second lit. L'intention évidente du disposant ayant été d'assimiler son époux à un enfant, il faut lui accorder les mêmes avantages et le faire profiter, au même titre, de tous les événements favorables qui pourraient survenir. — Telle n'est pas notre opinion. Il ne faut pas oublier que nous avons une disposition formelle qui déclare que la part d'enfant ne peut pas être supérieure à un quart des biens héréditaires. C'était au donateur à formuler sa pensée d'une manière plus explicite, en disant par exemple qu'il donnait tout le disponible; du moment qu'il ne l'a pas fait, il a dû exprimer par les mots : *part d'enfant*, la quotité la plus considérable dont l'art. 1098 autorise la disposition, soit le quart des biens.

306. Une personne peut contracter deux, trois ou quatre mariages : on s'est demandé quelle était la limite à apporter aux libéralités consenties dans ces convols successifs, s'il fallait, comme l'Édit des secondes noces, réduire la masse des donations à une part d'enfant. Nous ne voyons pas pourquoi

on s'écarterait de l'ancien droit. Le texte n'autorise nullement, comme le prétendent certains auteurs, à donner à chacun des époux la quotité de
l'art. 1098, à la condition que la portion disponible de l'art. 913 soit en somme respectée (1). Il
semblerait plutôt exprimer que les conjoints successifs peuvent recevoir plus qu'une part d'enfant,
mais seulement jusqu'à concurrence du quart,
ce qui, évidemment, n'est pas le sens de la loi.
Les mots : *ces donations*, signifient : *cette espèce de
donation*, et le passage : *sans que dans aucun
cas...* fait allusion à l'hypothèse où, par suite du
petit nombre d'enfants, l'époux donataire pourrait
recevoir un tiers ou moitié. Si le Code avait voulu
modifier sur ce point la théorie de l'Édit, il l'aurait formellement exprimé.

367. Le but de la loi a été de frapper les convols
en restreignant le disponible : elle n'a pas voulu
que des enfants du premier lit fussent privés au
profit d'un parâtre ou d'une marâtre d'une quotité
supérieure à celle que prendrait une tête d'enfant :
elle a même introduit la restriction du quart. Comment un plus grand nombre d'unions successives
pourrait-il rendre pire la situation de ces enfants
du premier lit, en permettant de dépasser la limite
ordinaire! Bien au contraire : plus il y a de convols,

(1) Duranton, n° 801 ; Toullier, p. 246.

plus la loi doit être rigoureuse. Le système que nous repoussons arriverait à encourager les subséquents mariages, puisque le donateur, après avoir épuisé son disponible au profit d'un second conjoint, verrait cette même quotité s'accroître pour lui permettre de gratifier un troisième époux.

368. L'époux donataire ou légataire a le droit de faire comprendre dans la masse tous les biens sujets à rapport, comme base de la détermination de la portion qui lui revient ; mais il ne peut pas profiter des biens rapportés, en se faisant payer sur leur valeur, si ceux qui existent sont insuffisants pour compléter son lot.

369. La libéralité qui excède la quotité permise par l'art. 1098 n'est pas nulle comme faite par un incapable ; elle est seulement réductible. Il s'agit ici, non pas d'une règle de capacité mais de la disponibilité du patrimoine, de sa conservation à certains héritiers ; non pas d'un statut personnel, mais d'un statut réel applicable à tous les biens français (Art. 920).

POSITIONS.

DROIT ROMAIN.

I. — Chez les Romains, le mariage ne se formait pas par le seul consentement ; il exigeait pour sa perfection la remise de la femme au mari.

II. — La donation de la possession constitue une donation prohibée lorsqu'elle suppose l'abandon d'un droit.

III. — La donation des fruits est permise entre époux, comme celle des intérêts.

IV. — La tolérance de l'époux qui, sciemment, laisse usucaper son immeuble par son conjoint, constitue une donation prohibée.

V. — Le sénatus-consulte d'Antonin Caracalla s'applique aux donations par stipulation comme à celles opérées au moyen d'une tradition.

VI. — Dans le droit classique, le possesseur de bonne foi faisait les fruits siens par la séparation.

VII. — Le *jussus* du juge, dans les actions arbitraires, pouvait être exécuté *manu militari*.

DROIT FRANÇAIS.

—

DROIT CIVIL.

I. — Les donations entre époux, faites pendant le mariage, sont des donations entre-vifs.

II. — Elles ne peuvent être consenties par un mineur.

III. — Elles ne sont pas caduques par le prédécès du donataire, lorsqu'elles portent sur des biens présents.

IV. — Elles sont révocables pour cause d'ingratitude.

V. — Les donations déguisées ou faites par personnes interposées entre époux sont frappées d'une nullité absolue.

VI. — La quotité de l'art. 1094 est le maximum du disponible entre époux. L'art. 913 ne peut être invoqué lorsqu'il est plus avantageux.

VII. — Rapports du disponible entre époux avec le disponible ordinaire.

1° On ne peut pas faire concourir cumulativement les deux quotités du chapitre IX et du chapitre III.

2° La quotité la plus forte peut toujours être atteinte, lorsque cette quotité est le disponible ordinaire.

3° Lorsque la quotité la plus élevée est celle de l'art. 1094, le donateur peut toujours l'atteindre, non-seulement si la donation faite au conjoint et celle faite à l'étranger sont consenties par le même acte, ou si la libéralité faite à l'étranger est antérieure, mais encore si la donation du conjoint est la première en date.

VIII. — Dans le cas où la somme des libéralités consenties à la même date au profit du conjoint et d'étrangers dépasse les limites que nous venons de déterminer, la réduction de chaque donation doit se faire proportionnellement à son disponible respectif.

IX. — Les donations par contrat de mariage sont révoquées de plein droit par la séparation de corps prononcée contre l'époux donataire.

X. — L'hypothèque légale de la femme ne porte en aucun cas sur les conquêts de communauté aliénés ou hypothéqués par le mari durant le mariage.

DROIT PÉNAL.

I. — La tentative d'avortement n'est point punissable, même à l'égard du médecin.

II.—Une déposition mensongère faite devant une cour ou un tribunal ne constitue pas le crime de faux témoignage, si elle a été rétractée avant la clôture des débats.

DROIT ADMINISTRATIF.

I. — Les ecclésiastiques ne peuvent être traduits devant les tribunaux pour faits relatifs à leur ministère, que sur renvoi par le conseil d'Etat, lorsque le fait incriminé rentre dans l'un des cas prévus par l'art. 6 de la loi du 18 germinal an X.

II. — Le conseil de préfecture n'est compétent, en matière contentieuse, que dans la mesure des attributions qui lui ont été conférées expressément, soit par la loi du 28 pluviôse an VIII (art. 4.), soit par des lois spéciales.

HISTOIRE DU DROIT.

I. — Les *principales* et les *duumviri* existaient simultanément dans les cités où était établi le régime municipal.

L'institution du principalat n'était pas particulière à l'Italie, ni à la Gaule du centre et du nord.

Vu par le Président de la thèse,

    E. BONNIER.

                        Vu par le doyen,

                        C. A. PELLAT.

    Permis d'imprimer,

      Le Vice-Recteur,

        CAYX.

TABLE.

PREMIÈRE PARTIE.

DROIT ROMAIN.

DEUXIÈME PARTIE.

DROIT COUTUMIER.

TROISIÈME PARTIE.

—

DROIT FRANÇAIS MODERNE.

www.ingramcontent.com/pod-product-compliance
Lightning Source LLC
Chambersburg PA
CBHW060349200326
41519CB00011BA/2086